全国小学生校园美文精品集萃

七色阳光
小少年

在青春的怀里撒野

《语文报》编写组 编

时代文艺出版社

图书在版编目（CIP）数据

在青春的怀里撒野 /《语文报》编写组编. —长春：时代文艺出版社，2018.8（2023.6重印）
（"七色阳光小少年"全国小学生校园美文精品集萃丛书）

ISBN 978-7-5387-5828-3

Ⅰ. ①在… Ⅱ. ①语… Ⅲ. ①作文－小学－选集 Ⅳ. ①H194.4

中国版本图书馆CIP数据核字（2018）第107954号

出 品 人　陈　琛
产品总监　郭力家
责任编辑　王金弋
装帧设计　孙　利
排版制作　隋淑凤

在青春的怀里撒野

《语文报》编写组 编

出版发行 / 时代文艺出版社
地址 / 长春市福祉大路5788号　龙腾国际大厦A座15层　邮编 / 130118
总编办 / 0431-81629751　发行部 / 0431-81629758
官方微博 / weibo.com / tlapress
印刷 / 北京一鑫印务有限责任公司
开本 / 700mm×980mm　1 / 16　字数 / 153千字　印张 / 11
版次 / 2018年8月第1版　印次 / 2023年6月第5次印刷　定价 / 34.80元

图书如有印装错误　请寄回印厂调换

编　委　会

目 录

只是因为你

向成功进击 .... 林迪皓 / 002

启迪 .... 赵舒赫 / 004

在有你陪伴的成长路上 .... 王 可 / 005

因为你 .... 十 有 / 006

我最敬爱的您 .... 如 也 / 008

英语老师二三事 .... 吴芷静 / 010

我的老师 .... 何诗楚 / 012

遇见他的纯真岁月 .... 王伊城 / 014

带一本书去旅行 .... 祖菁鸿 / 015

读书多了，容颜自然改变 .... 白云自在 / 017

阅读与我同行 .... 王天俊 / 019

那日梅花 .... 魏于斯 / 021

沉默的守望者 .... 黄舒翮 / 022

梅花魂 .... 池佳瑶 / 024

我和我的朋友们 .... 陈心蕾 / 025

我常对自己说 .... 林琼心 / 027

什么是坚持 .... 范泽远 / 029

柔石穿行，逆水难摧 .... 云　飞 / 031

小松成大树 .... 薛乔涛 / 032

每站风景如旧

古诗伴我行 .... 程顺烜 / 036

诗词大作战 .... 刘羽珊 / 037

走近古诗词 .... 陈涵瑜 / 039

我和诗词有个约会 .... 王诗恬 / 040

幸福的颜色 .... 郑婉祯 / 043

那一股暖流 .... 张雨铮 / 044

春天，在回家的小路上 .... 卞　琳 / 045

那暖暖的幸福 .... 潘楚云 / 048

与难题的战役 .... 巫昊霖 / 049

静，心灵的所向 .... 游乐鑫 / 051

每站风景如旧 .... 林沁诗 / 053

逐光者 .... 浅　笙 / 054

玉门纪行 .... 缪　延 / 056

难忘的春游 .... 陈致远 / 058

游沙滩公园 .... 明　睿 / 060

社会实践杂记 .... 吴敏泓 / 061

朗香随笔 .... 飞　鑫 / 063

古色古香游古镇 .... 林可思 / 065

乡村的夜晚 .... 林凌可 / 068

五凤山麓·细雨·鸟鸣 .... 琼　镜 / 069

生活不只有学习 .... 北　辰 / 071

画猫 .... 苏明锐 / 073

心随书法 .... 游来为乐 / 074

江山易改，爱好难移 .... 薛　莹 / 075

特殊的快乐

看，我们都是木头人 .... 兰黛尔 / 078

背书乐趣多 .... 竹　子 / 079

甜滋滋，美滋滋 .... 林恩熙 / 080

隐藏在坚持中的快乐 .... 行　索 / 082

树叶的故乡 .... 陈曦兮 / 083

乡村虫趣 .... 玉　成 / 085

家乡的味道 .... 卓国凌 / 086

乡间美声 .... 欧　阳 / 088

雨，何时能停 .... 林子微 / 089

你是我最感激的人 .... 鱼　儿 / 091

相遇相知让我感动 .... 王　可 / 092

我的母亲 .... 张敏茨 / 093

林迪"炮"同学二三事 .... 亚　物 / 095

笑神 .... 陈逸洋 / 096

谁动了我的语文书 .... 诗　湉 / 097

食堂风波 .... 苦　叶 / 099

成长路上的阳光 .... 走　马 / 100

暖流入人心 .... 李昕然 / 102

善之光 .... 心 谕 / 103

阳光·雨露·成长 .... 恬 心 / 105

生命之思

所谓幸福 .... 李芷滢 / 108

遇见当年葬花时 .... 汤 昵 / 109

人生就像一片花瓣 .... 连晟聪 / 111

寻花 .... 日 成 / 112

路 .... 路阳光 / 114

运动会上的一幕 .... 吴亚楠 / 116

偷桑葚 .... 许奕昕 / 117

童年的小白 .... 江大冶 / 118

一路有你 .... 唐展翊 / 120

送别 .... 苏 莫 / 121

四叶草 .... 洪嘉铄 / 122

凝视 .... 林雨言 / 124

我的阅读 .... 张柏嘉 / 126

沉淀 .... 暖 暖 / 128

当阅读邂逅咖啡厅 .... 墨 宁 / 129

传承 .... 黄子墨 / 131

家乡的秋 .... 雪 娴 / 132

所见 .... 林佳怡 / 134

美，在大自然里 .... 廖晟祺 / 135

原来春天就在我身边 .... 詹 琪 / 137

选择等待

选择等待 .... 林其祺 / 140

棋为人生 .... 林 揶 / 141

五根手指的故事 .... 高田晨生 / 142

温暖在心 .... 郑琸然 / 144

赶不上的那辆公交车 .... 钟昕芃 / 145

忆郊游 .... 若 鱼 / 146

人生没有再少年 .... 林靖雯 / 148

与你为邻 .... 余 越 / 150

驿站 .... 刘子航 / 151

遗憾之痛 .... 林可璇 / 153

海滩·牵手·回忆 .... 陈 涵 / 154

最美的风景 .... 泞 水 / 156

桑木之美 .... 李阳畅 / 158

留香 .... 黄若琳 / 159

金色的胡杨 .... 林芷汀 / 161

春天就在身边 .... 姚承远 / 162

我的舞蹈梦 .... 郑煦之 / 163

我还能坚持 .... 叶宇和 / 165

只是因为你

只是因为你，我从不会偏离人生的轨道；只是因为你，我才有勇气来面对一切未知；只是因为你，我明白了什么叫责任；只是因为你，我学会了怎样才叫坚强。很多时候，我的成功，只是因为你。

向成功进击

林迪皓

只是因为你，让我懂得了尝试的作用；只是因为你，让我明白了坚持的意义。现在我回想起你，内心仍是不胜感激。

那时我还在上四年级，你是我最敬爱的语文老师，你也很欣赏我的文笔。一个阳光明媚的下午，你微笑着递给我一张作文纸，并满怀期待地让我参加一次作文比赛。

看到这道作文题，我却退缩了。这是一道怪异的题目，我觉得无从下笔，完全不知道如何去写好它。正当我要开口拒绝时，你敏锐地察觉到了，说："也许你不愿参赛，但每件事都要勇于尝试，不尝试就永远无法成功。"

只是因为你，我获得了尝试的勇气。然而当我回到家里时，我又像泄了气的皮球，脑子里一片空白。那个难解的题目，像一座怪山一样横亘在我面前。我心想："反正我已经尝试过了，放弃吧。"

第二天阴云密布，我来到教室，迎面就是满怀期待的你。当你接过这张空白的作文纸时，脸上没有丝毫责备。

"老师，我尝试过了，实在不会写，写不下去。"我嗫嚅着。

"跟我来吧。"你和气地把我带到校园大操场边。操场上，一群精力旺盛的同学正在打着篮球。

你却指向一个不起眼儿的角落，一位瘦小的同学正一次次冲进人高马大的人群里抢球，却又一次次地失败。你说："他从刚才开始，一直尝试。"

只是因为你，我开始关注这位同学的"命运"。他调整着状态，看准球冲进去，却又被无情地挡在外面。

"他一直输。"我说。

"接着看。"

只见他又一次冲进人群，在众人当中见缝插针，极力使自己能在其中立足。周围的嘲笑似乎只能让他更强，他的目光只盯着球。一阵风吹过，树木不停摇摆，仿佛也在摇手说不，没想到，在一个不经意间，电光火石般，他进了球！我脸上只剩下莫名惊诧和目瞪口呆。

我问你："你怎么知道他会进球呢？"

刚才还阴云密布的铅色天空这时云开雾散，一缕阳光透过婆娑的树影洒下，你的话仿佛这缕阳光在温馨流淌："我对坚持不懈的人从来就有十足的信心。"

只是因为你，我对"坚持"有了更深层的感悟。你为我展示的这幅篮球场景，就是对那道深奥的作文题最生动形象的诠释和讲解，我在你的目光中若有所思地离去。

几天后，你微笑着递给我一张大红证书。只是因为你，之后的各种比赛，我都勇于参与，并且能在最艰难的关头坚持下去，我对这重要的道理有了全新的理解。

我认为，你更应该获得一张闪着金光的大红证书。对于你的谆谆教诲，我将永远心存感激。因为有了你，从此我的人生字典里删除掉了一个词："放弃"。

启　迪

赵舒赫

　　在我们人生道路上，有许多人值得我们去感谢。可有一个人，让我领悟到人生的真谛——那就是我的父亲。

　　依稀记得在我六岁的时候，我正在学习如何骑自行车，一开始的我动作并不娴熟。每每当我骑车摇摇晃晃时，回头都能看见您在我后面鼓舞着我。当我从车上摔下时，您拍着我的肩膀告诉我："从哪跌倒，就要从哪爬起来。"事后，您语重心长地说："一个人要学会在逆境中成长和锻炼自我，而不是做温室中的花骨朵儿，经不起风吹雨打。"当时懵懂的我虽不知其意，但已明白要独自笑对坎坷和挫折。

　　您的话语，让我学会了坚强。

　　五年级的时候，我准备在暑假期间通过钢琴七级的考试。每天，我都抽出大把的时间用来练习。时间慢慢流逝，我想练琴的意愿并不强烈了。炎热的夏天，我急躁的心情抑制不住，我重重地敲打着键盘。那一天，您说："做事可要坚定，不可半途而废哟！"您陪伴着我一同练琴，功夫不负有心人，我弹曲子的熟练度大大提升。我也从中获得了乐趣。我明白自己要向一个目标勇敢前进，才会有所收获。果不其然，那次考级，我顺利地通过了。

　　您的陪伴，让我学会了坚定。

在学习过程中，随着难度的提升，我的数学成绩波动较大。您耐心为我解答我不会的问题。我坚持每天做练习，自己的成绩确实有所上升。我的付出得到了回报，一分耕耘一分收获，我感受到坚持的意义，努力过后就一定会有回报。

您的陪伴，让我学会了坚持。

坚强，坚定，坚持，都是人生的启迪。而我，在这样的启迪下，才可以茁壮成长。

在有你陪伴的成长路上

王　可

在成长的道路上，是你的陪伴，让我找到了前行的方向；是你的陪伴，让我开始一步步改变；是你的陪伴，让我拥有了温暖的回忆。你是黑夜里的那盏明灯，你是前进途中的路标，指引着我一天天地成长。

那一年，我六岁，你第一次打了我。那是上小学一年级的第一天，由于没有认真看记作业本，有一项作业我忘了做。你下班回家后，细心地询问我上课第一天的感受。当你拿出我的记作业本仔细看时，发现了我漏做的一项作业，于是抓起我的手就打。我带着一阵阵的哭声争辩着，但你并没有因为我的泪水减轻心中的愤怒。待我哭声渐渐平息，你耐心地告诉我打我的理由和道理。是你的陪伴，让我懂得了做任何事都要认真。

那一年，我八岁，你第一次带我出去钓鱼。你握着我的手教我如何钓鱼，但我急于要自己玩耍，却没有认真听你的经验传授。自己开始钓的时候，鱼怎么也钓不上来，我便开始生气发脾气。就在这时，你拉住我的手温和地对我说："你看，刚刚我跟你讲的时候，你不认真听，所以你就没有掌握技巧，钓鱼是需要窍门和耐心的……"我开始按着你教的方法钓鱼，功夫不负有心人，终于钓到鱼了，你让我第一次感受到了钓鱼的快乐和成功的喜悦。是你的陪伴，让我懂得了做事要讲究方法、要有耐心。

那一年，我十一岁，你独自带我去看病。那天，妈妈刚好出差，你好不容易不用加班有空在家，但我却生病了。晚饭时，你发现我食欲不振，人蔫蔫的，你一摸我的头，发现我发烧了。你饭都没吃完，二话不说，赶紧骑车载上我往医院跑。你边骑边时不时地回头问我情况，你一句句焦急的询问，就像是给我治病的良药，使我的难受状况减轻了许多。是你的陪伴，让我在痛苦中拥有了温暖的回忆。

是你的陪伴，让我的人生成长路上少了许多荆棘；是你的陪伴，让我的生活有了方向和目标。

因 为 你

十 有

很多时候，我的成功，是因为你。

——题记

"下面，让我们掌声欢迎下一位选手！"随着场上响起激烈、轰动的掌声，我意识到下一个出场的就是自己。心中的不安、紧张顿时令我的心脏"怦怦"直跳，仿佛下一秒就要蹦出。

你发现了我的异样，走向了我，阳光下的你犹如洒满金光的天使，无比灿烂，无比温暖。你缓缓张开双臂，将我紧紧抱住，轻声道："加油！"忽然，莫名的安宁平静了我忐忑不安的心。

当我的名字赫然出现在一等奖的屏幕上时，为我而响的掌声使全场沸腾，而我却知道：因为你的一个拥抱，我成功了。

你的拥抱如此芬芳，话语亦是无比美丽。

那天，心情格外沮丧。布满"红色夺命剑"的试卷不堪入目，两个红数字如同天上突如其来的一掌，将我狠狠地摔在地上，无情地讽刺着我。

我想找个人倾诉，而你却不在身旁。当你那充满期待的语气在电话中响起，我的内心更加慌乱，更加不知所措。一瞬间，所有的委屈与难过伴随着泪水涌出，心底的失落更加难以摆脱。

007

你听见了，但却不说，依旧用轻松愉悦的口吻对我说："我想还不错。先别急着对自己说不，想想自己从这次考试中吸取的教训，好好改正，这可比成绩来得更重要呢。"你的语气是那么轻柔，毫无一丝埋怨，"我不想安慰你，也不想给你施加无形的压力。但加油，我相信你！"无比坚定，无比认真的肯定，如同一道初升太阳的光辉，灿烂地注入我的心窝。

"我相信你！"这句话平凡得不能再平凡。可因为你的这一句话，我成功了，获得了前所未有的自信。

一句感人的话语使我自信，而一个信任的眼神令我坚定。

耳边传来阵阵悠扬动听的琴声，可却使心里更加慌张和害怕，手心也止不住地冒汗。担心、恐惧也随之蔓延至全身。

你坐在场外，看向了我。微微颔首，给了我一个坚定的眼神。乌黑的眸子中透着深邃的目光，如同一剂镇静剂，让我冷静，想起了从

前自己的成功与自信。是的，我能行。

因为你，因为你的一个动作，因为你的一句话语，甚至因为你的一个眼神，我都会感到安心。世界上再也找不出第二个你——因为你！

我最敬爱的您

如　也

008

世界因为有了阳光而无比灿烂；山川因为有了河流更加苍翠；而我因为有了您，那深沉的凝视，那亲和的话语，那温柔的动作，好似一股暖流注入内心的深谷，明亮而温暖了我的心。

"这不该是你应有的状态！"耷拉着脑袋在您面前站着，听着您一句又一句的训斥，不争气的眼泪顺着脸庞滑下，心情坠入谷底。您放柔了语气，对我说："抬起头，看着我的眼睛。"擦过眼泪，我对上了您那双乌黑的眼。

安抚的话语，深邃的目光，明亮透彻的眼睛，似乎有一股神秘的力量，如同傍晚的夕阳，昏黄中透着灿烂，光辉虽小，却能温暖大地，温暖我的心。您的凝视使我从黑暗中走出，奔向光明。它像一股刚入春而带着些许花瓣的流水，芬芳了我的心田。

您那深沉的凝视，让我的心美好而坚定；但您那轻柔的话语更是温暖了我的心，富有魔力。

"我再也不想理你了！"重重一甩家里的木门，揉着发红的眼睛跑下楼梯。漆黑的夜晚，刺骨的寒风似乎也在嘲笑我的不幸。无处可去的我敲响了您家的门。当您看见我独自一人时，脸上的诧异令我更加绝望。屋内，昏黄的灯光映照在书桌上密密麻麻的试卷上，您肯定又在熬夜工作了。

坐在书桌旁，静静地看着您工作的样子，安详中还带着一丝疲倦。您缓缓开口："怎么，又和妈妈闹别扭了吧？"我木然地点了点头。您放下了手中的笔，牵起了我的手，用细腻柔和的语气告诉我："母女之间不就是这样的吗？你的小脾气。小任性可以随意对她宣泄。但你有没有想过，她一切为你好的心却被你置之不理，这又何尝不会令她感到心痛？"几句不留余地的反问直击我的心。

顿时，酸楚直击鼻腔，滚烫的泪水直落。您的几句话语顿时点醒了我，如同冬日里被阳光洒满的小溪流淌在我的心上，充满了希望与温暖。

您的话语就像滋润花朵的雨露，给鸟儿飞翔的天空，无私而伟大；而您的一举一动，更像一股奔腾的暖流，直冲进了我的心田。

009

您时常用那青筋突兀、干枯苍老的手握着我们，与我们谈笑；您时常用那纤瘦、娇小的身姿为我们遮挡夏日的太阳；你时常带着那灿烂的笑容为我们授课，弯腰拾起纸屑，拿起扫帚打扫卫生……

您的动作，您的笑容，令我无比温暖，正如潺潺小溪，缓缓淌过心窝。

谢谢您，我最敬爱的老师。您的一颦一笑，一举一动无时不在触动着我的心。谢谢您，我最敬爱的老师。您就如我心上那永不停息的暖流，在我的生命中急速、活跃地涌进心田。

只是因为你

英语老师二三事

吴芷静

在这个名师辈出的校园中，每位老师都有自己独特的上课风格。"陈子"循循善诱；"标哥"幽默风趣；"沙皇"轻松活泼……当然，还有给我们上课的速度快如闪电的英语老师——郑老师。

郑老师有着小巧的身材，一头乌黑的长发干净利落地编成一束麻花辫，似豆蔻少女般斜垂在肩头。给我们上的第一节课，她就连珠炮般告诉我们："英语课节奏可是非常快的，知识点非常多，特别是到了现在。你们一定要做好心理准备，一定要提前预习……""英语课为什么这么紧张，不是不难吗，老师不会是吓我们吧。"老师的话音刚落，我们就如一大群蚊子般"嗡嗡"地小声讨论起来。老师似乎听到了我们的话，又向我们发射出一枚枚"炮弹"："你们可不要掉以轻心，简单就要'零失误'，要提高自己的熟练程度！"天呀，只要听老师的语速，我们就能知道英语课的节奏有多么快了。

很快，重要的英语考试已悄然到来。因为我们第一次用答题卡作答，所以郑老师又一次展示了她的"唠叨神功"："你们先写上考号，再用答题铅笔涂一遍，千万不要写错了。答题时用铅笔平平地涂过去，不要太重，也不要太轻，平常写字怎么写就怎么涂，切记不要把答题卡当垫板垫着写……"我听着这些话，只觉左耳进右耳出，思绪恍惚。临近考试结束时，老师又唠叨开了："你们第一次用答题卡不要紧张，不要太刻意去涂得太浓，有什么问题很正常，不要太紧张。"老师这么念叨着"不要紧张"，弄得本来不紧张的我也变得紧张起来。

郑老师不仅说话语速快，在黑板上写板书的手速也不是一般人能与之媲美的。

那节课恰好课文和要梳理的笔记都很多，于是郑老师又"解锁"了一项新技能：神速写板书。只见她拿起一支粉笔，用极其潇洒的姿势在黑板上写了起来。她时不时低头看一眼笔记本，一边挥舞着手臂写板书，整个教室似乎只剩下粉笔触碰黑板的"嗒嗒"声。我们都看呆了——短短两分钟，黑板上就密密麻麻地布满了书写流畅的英文。谁也不知道看似柔弱的郑老师为什么会有如此大的臂力，也不知道她是如何做到边向我们解析这些知识点边把知识点写上黑板的。"还不快抄笔记？已经快下课了，我可不想拖堂。"

011

老师的话语把我们拉回现实，我们立即拿起笔在笔记本上飞快地抄起来。现在整个教室只剩下我们在纸上写字的"沙沙"声。没写多少，我的手就因为写得太快而酸痛。这时我才体会到老师是多么不容易。

现在，我们早已习惯于马不停蹄地抄笔记，早已习惯于老师的唠叨，也早已习惯于英语课紧张的节奏。不管她多么唠叨，讲课多么快，她都是为了我们能更进一步。哪个老师能比得上郑老师敬业呢？在我看来，她就是我心中最好的老师。

只是因为你

我 的 老 师

何诗楚

　　"春蚕到死丝方尽，蜡炬成灰泪始干"。教师是人类灵魂的工程师。他们辛勤地工作，教书育人，有自己独特的方法。

　　当然，老师们都很可爱，总有令人意想不到的一面。

　　昨天，我们参加了运动会，我们班非常给力地拿了队列第一，广播操第三。得知这个好消息，当然要第一时间通知班主任沙老师啊。我们一路小跑地从宣传台跑到了角落的大本营："沙老师，沙老师。我们队列拿了第一啊！"沙老师高兴得又蹦又跳，清爽利落的马尾在脑后跳跃："哎呀，太棒了、太棒了！班上同学太棒了。"沙老师兴奋地在原地转圈圈，一会儿拍拍这个同学的肩膀："这是真的吗？确定了吗？"一会儿又欣喜地拍拍手鼓掌："第一啊，第一啊！太棒了，太棒了！"

　　背着大旅行包，脚踩运动鞋，穿着绿边运动裤的沙老师此刻像吃了糖的孩子似的，与同学们分享这份快乐。

　　而我们的硬笔书法教师总爱找同学们的乐子。他有一头狂放不羁的黑色卷发，说话时抑扬顿挫（装腔拿调），时不时来一个重音。老师点评作业时总爱斜斜地倚着讲台，一腿弯曲，一腿伸直，写字时一手叉腰，一手拿笔，用全身的力气跟我们讲述写字的要领。这跟我们

想象中一本正经、颇有"仙风道骨"的硬笔书法老师形象有那么一丝违和。

就是这个自封"魔鬼"，老爱捉弄人，要人写检讨的老师，对我们的作业极不满意。他用那独特的语调，狠狠地教训我们要认真对待硬笔书法，要认真完成作业……说完后，他离开教室。我拼命忍住笑，因为那老师走后竟然在班门口捂嘴偷笑。他不会听到有人骂他神经病了吧？然后他真离开教室了，颇有一种"世人笑我太疯癫，我笑世人看不穿"的意味。

这是一个刀子嘴，豆腐心的老师，而下面这位老师就"不怒而威"了。

"粉面含春威不露，丹唇未启笑先闻"。亲爱的陈老师是最爱笑的，也是最难以捉摸的。不过，以最近的情况推测，老师一笑，准没好事。或小测，或综测，或作文，或考试。老师平时甜美的笑脸此时令我不寒而栗。

每当一个环节结束，我一定要注视着老师的面庞，如果露出了微笑，我差不多该哭了。

虽然老师热爱小测，以小测为乐，但课外的老师真像一个邻家大姐姐一样亲切，像一个可爱的小公主（班上某同学说的）。少女心满满的老师将陪我们度过学习之路，相信同学们和老师的距离会越来越近。

细数上学这些年，我快经历三十个老师了，他们或严格或亲切，或者就是孩子王，他们都有一个共同点：他们都爱学生，都是学生的好朋友。

遇见他的纯真岁月

王伊城

　　那时候，我们上他的课，在我们，是期盼，是幸福，是享受，而他那认真敬业的态度也让我们记忆犹新。

　　刚开学的时候，我们满怀期待地坐在位置上等待着新的老师，幻想着马上将会见到一位德高望重的学者，谁知他一进班级，让我们大跌眼镜：他的脸圆得和皮球一样，头上仅有几根"秀发"，让人感觉十分滑稽。

　　他平时爱穿衬衫，但有时扣子都扣不齐。记得有一次，他把裤子穿反了，还被不知情的保安赶了出去，也导致我们一节课都在等待中度过。

　　相处久了，我发现他虽然在生活中马马虎虎，但一旦关乎学习，他马上变了个人似的，变得认真、严肃起来。

　　有一次，我们班转来了一位新同学，在课堂上和他开玩笑，他马上收起了笑容，变得怒目圆睁，那位同学被吓破了胆，班上一下就安静了。我对他便有了一些惧怕，后来他接着给我们上课却又露出了笑容，开始高谈阔论。

　　直到期末考试结束，我们打完球，很晚才回去，在学校门口，看到办公室的灯是亮的，我们走近看，堆积如山的作业旁正是他的身影，周围空无一人，曾经的一丝惧意也变为了敬意。

后来发考卷了，我的成绩不是很理想，他让我下课后去找他。下课后，我攥着考卷走进了办公室，他和蔼地让我坐下，他告诉我了一些辅助线的常规用法并带着我做了一道题，然后他让我试着解题。但我却一直想不出来，我抬起了头，与他那期待的眼神交织在了一起，顿时又羞愧地低下了头，他若有所思地说道："你想一想上节课我们讲的例题。"这时，上节课的一道道题目像放电影一样在我脑海中闪过。突然，我想到了解法，在我解完了之后，他也露出了满意的笑容。

假期结束了，他却不再当老师了，提起曾经的学生，他如数家珍般，一个一个都记得清清楚楚，一如我们清楚地记得他那认真敬业的模样。那是他和我们的纯真岁月，让我们学会做人，学会学习，那是一段再无法回去，却令我们更有勇气面对未来的岁月。

015

带一本书去旅行

祖菁鸿

我带上一本刚买的《传世诗词》，来场说走就走的旅行。

全新的书页慢慢被翻开，不知不觉，来到一个山脚的小村子。竹篱稀疏地围着圈。一朵朵菊花还在盛夏的阳光中懒洋洋地开着，有的还结着青涩的花骨朵儿，香气悄悄地在花丛边散开。抬眼望去，一座山映入眼帘，青色的山围着村子，仿佛把村子也染上了淡淡的青。心中突然有些触动，一句诗脱口而出："采菊东篱下，悠然见南山。"我望了望这稀疏的篱，青色的花，高挺的峰，抱着还新着的书，又踏上了旅途。

听了当地人的话，前去黄鹤楼。夕阳的光暖暖地映在木制的扶手上，恍惚间仿佛看见一位身穿唐服的男子，慢慢踱步上楼，带着满腔的热情与自信登上了更高的一层，然后望着一片广阔的视野，挥笔写下了这传颂千古的名诗："欲穷千里目，更上一层路。"风吹过书页，停留在这首诗上久久不离去，这首诗的神采与自信，风也感受到了吧？

夕阳往山下沉了又沉，我踏着它的余晖，带着有些显旧的书起程。书在旅行中越读越旧，心中知识的分量却更沉了些。带上此书，继续旅行。

016

来到江南的一处古镇，心中自然浮现出"竹喧归浣女，莲动下渔舟"。江南的姑娘们温婉地盘起青丝，和友人一同前去游玩，莲花被她们在舟上的欢笑声惊醒了，开始梳妆打扮起来，一点点沾上嫩嫩的红来，遇见了认识的人，远远打声招呼，友人正忙着干活，招招手便闪入青色的竹林中。素面朝天的她们虽然也每天生活在繁忙中，却自是个带有江南气息般水粉的人，有着水粉的心。读着这首《山居秋暝》，感受着诗人那时的安适，带着笑意看着姑娘们的打闹，渔夫把一叶小舟在密密荷叶中划出别样灵巧，洗衣服的女人们呢喃的声音从竹林深处传来，便令人更深入了解了这首安静舒适的诗。

带上这本《传世诗词》，在江南的生活烟尘中继续旅行。书已经在路途中显得不再完美如新，但分量却重了，心中的感悟也更深了。

《传世诗词》随我同行，一处处风景，一个个名胜，不用相机，它们的灵魂就存在书中每首诗的字里行间，也随我去旅行，经历。

读书多了，容颜自然改变

白云自在

台湾著名作家三毛在《送你一匹马》一书中写道："读书多了，容颜自然改变，许多时候，自己可能以为许多看过的书籍都成了过眼云烟，不复记忆，其实他们仍是潜在的。在气质里，在谈吐上，当然也可能显露在生活和文字里。"

如果说书籍是一座金矿，那么阅读就是去开采金矿；如果说书籍是良药，那么阅读就是在治疗疾病；如果说书籍是一片汪洋，那么阅读就是畅游于这片天地……阅读已伴随我走过十年的悠悠岁月，见证了我成长的欢笑和泪水。

017

幼时的我，特别喜欢看一些绘画多、文字简单却精彩的绘本。《贝贝熊系列丛书》最吸引我的眼球。那时候，我常常是一边摆"大"字趴在地板上，手里抓着零食，一边翻动着书。看一遍，再看一遍，百读不厌。书中的情节是一下子从眼皮下闪过，又一下子在翻滚的书页中跳过。最喜欢的是到了夜晚，妈妈下班回到了家，我便会央求她给我讲述书中一段段美妙的故事。有时听入迷了，我会情不自禁地站起来，模仿书中的人物动作，自己就是那故事的主角，融进了这书中的世界。

那时的我是一株小草，目光清澈，天真烂漫。

只是因为你

小学之后，绘本渐渐地与我告别，取而代之的是一本本厚厚的、满是文字的书籍。刚开始我是拒绝的，仍十分留恋绘本中奇妙鲜活的图像、生动有味的浅语。面对这陌生的"朋友"和崭新的世界，我感到无所适从。"为什么要读这些烦琐、冗长的字书而舍弃精美的绘本呢？"当这个念头还一直占据着我的脑海时，一本书的到来改变了我的看法。

说也巧，那时电视正在播放动画版的《三国演义》，我非常喜欢看。正巧家中有一套人民文学出版社出版的《三国演义》。一天，我抱着它坐在电视机前，翻到正在播出的《三英战吕布》一篇，对照着看。"咦！书上的内容好像比电视演绎的更加详细、生动。"我不禁叫出声来。从那以后，我就对它爱不释手，一有闲暇时间就捧着它如饥似渴地翻阅。书中刻画的人物形象、惊心动魄的情节映在我的心里，散着光辉。我为赤壁大败而开怀大笑；我为关羽败走麦城而失落。我悟出了文字的魅力，它比图画、比影像更有情感、更有内涵。

读书使我更有思想、更有性格；读书使我更加理智、懂得是非；读书让我的生活更加丰富，充满色彩。奥地利作家卡夫卡说过："我们应该去读那些能刺中和伤害我们的书，如果所读的书无法带来当头一棒的警醒，我们读它干什么呢？一本书必须是一把能劈开内心坚冰的斧头。"

现在的我是一棵大树，目光灵动，焕发青春的气息。

阅读与我同行

王天俊

　　著名的俄国大文豪高尔基先生说过："书籍是人类进步的阶梯。""读书破万卷，下笔如有神。"这是中国古代大诗人杜甫的名句。"读一本好书，就是和许多高尚的人谈话。"德国作家歌德也这样说道。

　　在那么多伟人的眼中，阅读是一项有氧运动，是在与知识亲密接触，是成功的法宝，是与他们同行的好伙伴……是呀，阅读既能增长知识和见识，又能滋养丰富我们的心灵，一举两得，何乐而不为呢？

　　我对阅读，有一种由衷热爱。在阅读每一本书时，总会很快投入其中，仿佛身临其境，忘记所有。有一天下午，我独自一人在家阅读《鲁滨孙漂流记》，作者是英国的著名作家丹尼尔·笛福。这本书讲述了一个英国的水手因船沉没而流落到无人的荒岛，在进退两难的情况下，他开始想办法自救——造房子、做木筏、种粮食……竭力投入到与大自然的抗争之中去。他靠自己的双手，凭着自己的智慧，花了几十年的时间将这座荒岛变成了"世外桃源"，还勇敢地救了一个土著人，并给他起名叫"星期五"，与他共同生存，最后他离开了荒岛……《鲁滨孙漂流记》不仅仅只是一本历险小说，更是一个人生抉择。我在阅读的过程中会情不自禁地随着这本书，在人生的航程中勇敢前进，永不放弃！做人要向鲁滨孙学习，学习他在逆境中不怕困难，坚强不息的毅力。我不禁想起了古代文人蒲松龄的《自勉联》中的诗句："有志者，事竟成，破釜沉舟，百二秦关终属楚；苦心人，天不负，卧薪尝胆，三千越甲可吞吴。"当我悠悠然沉迷其间时，忽然想起：三点半我要自己坐公交去上课啊！一看表，嘿，才两点十分，还早呢，于是，我又拿起书继续我"美味的精神食粮"。不知不觉中闹钟突兀地狂响，我又被悲催地"拉回现实"，急忙拿表一看，天哪，已经三点十五分了，上课来不及了！我只好背起书包，拿好钥匙，关上门，飞奔而去。来不及等公交了！可即使我跑得再快，腿也比不上轮子啊！结果可想而知……

虽然诸如此类尴尬的事情时常发生在我的身上，但我从来不会归咎于阅读。相反，我更加热爱沉浸其中，正因为阅读具有如此神奇的魅力，在清闲的早晨，在惬意的午后，在忙里偷闲的傍晚……都是我读书的好时机。每每此时，找一本有趣的书，泡上一杯蜂蜜水，把自己扔进沙发里，舒舒服服地阅读。渴了，就品一口蜂蜜水，这时的蜂蜜水，则显得格外的甜，格外的清爽，缓缓流入心间，滋润了心田，回味无穷，多么惬意啊！一本好书就像是你的一位老朋友，给你良心的忠告和有益的启示。在生活中，每天都有老朋友相伴同行，谁能不高兴呢？

不过，朋友之间相处久了，有些磕磕碰碰，是很正常的。我在阅读时，偶尔会发现一些微小的错误，像错别字、病句之类的。或许是编辑的一时疏忽吧，不过，人都有犯错的时候，这是在所难免的。想象一下，或许这些错误是等待我们动脑筋去发现它们的，若我们一味地相信书，一味地尽信书从而宽容了它的错误，那么将是错上加错，正如孟子所云："尽信书不如无书。"

阅读一本好书，也是一次积累，让我们学会如何提升自己思想境界和体会书中所蕴含的人生哲理。评价它的同时，即是在学习。在那些阅读与我们同行的日子里，我们像是两个好朋友，同起同坐同相谈，同习同嬉同生活，同悲同乐同沉醉。朋友，感谢你将你的才华都无私地给予我；朋友，感谢你将你的所见所闻都向我一一道出；最真挚的朋友，愿我们永远愉快相处，愿你与我同行的日子地久天长！

那日梅花

魏于斯

一生中，总有几个人会给予我启迪；总有几件事，会帮助我成长；也总有一些诗，让我在关键时刻明白要去的方向。我最爱的黄檗禅师的《上堂开示颂》，就是其中一首。

放学，我垂头丧气地走在回家的路上，手握着一张七十七分的卷子，心情已跌到了最低谷。树上最后几片叶子被吹得纷扬下落，仿佛在为我奏着一曲哀怨的乐章。大自然是一台年久失修的鼓风机，将北风吹得没完没了。凛冽的寒风直钻我心，似乎要夺去我仅存的一丝热量。我一遍遍地问自己："为什么？"这无力的声音，被无情的北风托起，在空荡荡的小街上蹒跚。

周围都是一片昏暗。忽然，一株鲜艳的梅花映入我眼帘。我冷笑了一下。这株梅花，真是高调！同样的景物，你为什么如此艳丽。我对这株梅花并不喜爱。

第二天，我不甘心地从被窝中爬起，懒懒地打开窗帘，迎接我的就是一阵寒风。哇！真冷啊！无意中，我又瞥见那株亮丽的梅花。今天这么冷，想必昨天更是冷吧。可是——我顿时有些奇怪，这么冷的天气，梅花怎么依旧绽放，并没有瑟缩呢？我站在窗前看了一会儿梅花，风呼呼地掠过它那瘦瘦的枝干，那朵花在风中弯下了腰，但不久后又重新立起。这次，我对它完全改变了看法，梅花在我眼中，不是那样一株高调之花了，而是努力用自己瘦瘦的筋骨把生命的诗意一缕一缕地挑亮的傲雪之花。

顿时，我想起了《上堂开示颂》："尘劳迥脱事非常，紧把绳头做一场。不经一番寒彻骨，怎得梅花扑鼻香。"我恍然大悟：在学习上，不也应该具备这种不怕困难，坚持不懈，奋发向上的精神吗？

从此，我便努力奋斗。每当晨曦微露时，我捧起书在"之乎者"中遨游；每当日上三竿时，我与"ABCD"来个亲密接触；每当月上柳梢时，我就在灯下思考"X的解"……当然在这期间，我也曾想过放弃，但是，只要一想起那首诗，便会振作精神。

"不经一番寒彻骨，怎得梅花扑鼻香"，就在我写这篇文章时，那"高调"的梅花定又在风中摇曳……

沉默的守望者

黄舒翮

我家里有两株绿色的多肉植物，它们静静地生长在小花盆里，比其他植物都显得渺小，因此经常被我遗忘。一天，我不经意地发现，其中一株植物的叶子掉了许多，只剩下一截矮小的茎，显得忧伤与凄

凉；而另一株没掉叶的植物孤独地立着，寂寞而惆怅。

那两株多肉植物是我一年前一时兴起买的，它们一直都静静地立在盆子里，不像其他的植物一样张扬，只是展开一片片胖胖乎乎的叶片，如莲花一样，在阳光中望着风光。我经常忘记浇水，但它们还是坚强地活下来了，不紧不慢地舒展着荷叶般的叶片。

在我的多肉植物落叶几周后，我发现那些躺在土上的叶子断口处伸出一片片微小的叶子与嫩红色的小根。而另一株"幸存者"默默伸出一条奇怪的"枝"，那"枝"有着碧绿的颜色，在微风中摇摆。

过了几周，那条"枝"上开满了一朵朵红色的小花，那花没有玫瑰、茉莉那样鲜艳芬芳，招人喜爱，而是小如红豆。它的花与"枝"组成一个红色的小"糖葫芦"。虽小，但花期很长。它自信地开着，如同一串火花，向四周迸发出顽强的生机与活力。待花开之后，那"枝"垂了下来，便又静静地生长，一切如旧。

妈妈告诉我，多肉植物原来生长在大漠之中，似一个个大漠中的精灵，远望天空，盼大雨的到来，盼花期到来。可是老天对它们并不慷慨，回馈它们以连年大旱，飞沙走石。但它们不因此自暴自弃。它们只静静地，沉默地努力生长，磨炼出其他植物都不如的储水于叶的能力，磨炼出特有的断叶生根的能力，有吃苦的精神，使得它们没有被毒日夺命，被黄沙埋没。它们是荒芜沙漠中的守望者，在"赤日炎炎似火烧"时，在"随风满地石乱走"时，守望花开，守望雨至那天，一直不放弃，默默坚持着，直到鲜花绽放，大雨倾盆的那一天，最后比其他植物都坚强。

当时急于求成而屡次受阻的我，在妈妈期盼的眼神中恍然领悟到：不要浮躁，而是要静静生长，吸收养分，"欲速则不达"，在达到一定目标后不要太张扬，保持乐观心态。守望者在狂风暴雨，飞沙走石后才会有开花雨至的那一天。

梅 花 魂

池佳瑶

冬，这位冰雪的主人，迈着轻灵的脚步，来了。这令我又忆起了那片天，那块地，那个夜，那风雪，那株梅……

那年寒假，我照例与父母一起回家过年。一进门，迎接我的是一位新成员———一株梅花。我对于这棵横在窗前的梅花，产生了探究的兴趣。

晚上，我并没有随父母去看戏，而是一个人独坐屋中看书。这时，书中的一首诗引起了我的注意："幽谷那堪更北枝，年年自分着花迟。高标逸韵君知否，正是层冰积雪时。"好一个"正是层冰积雪时"啊！好一首《梅花绝句》啊！我不禁想起了院中那株梅花。不知她怎么样了呢？我受好奇心驱使，拉开了窗帘。

窗外，风夹杂着雪，凛冽地刮过这万物。天地间仿佛被披上了一层蒙蒙的纱，少了一丝透彻，却多了一丝神秘。那株梅花，在那层雪纱后，仍可见它那凌霜之姿。我不禁好奇起来——这么大的风雪，不会刮倒她吗？于是我便下楼去一探究竟。

一开门，迎面而来的便是狂风暴雪，刮得我脸生疼。但这并不能破坏我对梅花的兴趣，反使我对这能在严冬中开出美丽的花儿的生命越发好奇。我在雪中寻找着那株梅。哦，在那儿。我一眼就望见那万白丛中惹眼的一点红，在风雪中正开得灿烂。这梅开花时果真是"正是层冰积雪时"啊。在这个白雪纷纷的夜晚，沉睡了许久的梅花醒了。它无畏地站在那风雪之中，张开了她那清亮的眸，抬着高贵的头，睥睨着那满天白雪，悠悠苍生。冰天雪地，那是梅花的归属；独领风骚，那是梅花与生俱来的责任！那一霎，唯一停留在记忆深处的，只有那片天，那片地，以及那株梅。

梅花，在冬天这个只属于她的舞台上，展现了她独有的魅力，以及她那令人为之折服的魂！

年后，我要随爸妈回去了。临走前，我最后看着那满树的梅花，笑了。枝头薄雪尚存，却只是她的陪衬。白雪，映得这红梅越发娇艳，风姿动人。我想，正是因为梅这种不畏凌寒的傲骨，才使得我为之沉醉的吧。

梅！我将会永远记得你！

我将会永远记得那片天，那片地，那个夜，那风雪，那株梅，以及那首《梅花绝句》。那蕴藏在其中的梅花魂，也将铭刻在我的心中，引领着我向前去！

025

我和我的朋友们

陈心蕾

随着一阵"吱吱"的叫声，几只轻快灵巧的松鼠弟弟爬到我的手臂上玩耍。作为一棵苍翠欲滴的松树，我很乐意它们这样做。忘了说了，我是一棵松树，我的叶子是那样的苍翠欲滴，透绿。棕色的树干那么粗壮，散发着年轻的气息。高高的树枝好像要伸入天空。我伸开长长的手臂，欢迎着森林里每一个生灵。

　　我就生活在这一片郁郁葱葱的森林之中，这片森林里景色优美。就让我来介绍介绍吧！首先，在这片森林中最多的当然还是我们松树啦。我们茂密的枝叶仿佛撑起了一把伞。在阳光的照射下，我们的叶子好像镀上了一层金。再往左边看，这是一条潺潺的小溪，这条小溪贯穿了整条森林，这条小溪可造福了小动物们，它们在这小溪里打水，玩耍。而这一道亮丽的风景线也划破了森林单一的景色，平添了几分生机。小溪喜欢唱歌，没事就喜欢叮叮咚咚地敲打乐器自弹自唱，这优美的琴声，常常使我陶醉其中。

　　我的不远处就是一片小山丘，山丘上有许许多多五颜六色的花。每到春天，山丘上的花就争先恐后地开放了，放眼望去，山花灿烂，花团锦簇，花儿们一齐在风中荡漾。引来许多蝴蝶和它们一起舞蹈，小动物们也加入了这个行列。风还把花儿们的香气捎给我，我闻了之后，心旷神怡。

　　清晨，我一起床，就闻到风中栀子花和露珠的气息。随后，我听见小溪的歌声，小动物们的叫声。新的一天开始了！小动物们开始劳作了。你看，甲虫先生们吃力地搬着浆果，那可是比他身体重好几倍的东西啊！看那小鸟和松鼠，它们总喜欢在我的身上跳来跳去、玩耍。兔子姐姐在挖洞，过冬时她想住上好房子。百灵鸟飞到我的手臂上高歌一曲。我真喜欢这样畅快的日子啊！

　　下午，下起了雨。雨中的森林有一种朦胧的感觉，像仙境一般，美极了，云雾缭绕。动物们来到我的身下躲雨。雨越下越大，风越刮越猛，我伸开双臂，努力抵挡狂风暴雨的来袭。狂风和暴雨仍不罢休，继续发起一轮进攻，狂风呼啸，想把我连根拔起。而我仍屹立不倒，它们只好灰溜溜地逃走。

晚上，森林恢复了宁静，知了静静地哼唱着小曲，风吹着我的叶子，发出"呼呼"的声音，闻着花的气息，我入睡了，森林，也沉沉地睡了。

我常对自己说

林琼心

我常对自己说："坚持就是胜利！"

爬山时，望着漫漫山路，想小憩一下，就有个声音对我说："坚持就是胜利！"我加快了步伐；在做题时，遇到难题，生出把题目空着的念头，但抬头看见笔杆上印着：坚持就是胜利！我又继续思考解题方法；在游泳时，感觉有些疲倦，总想着停下来，此时在我脑中浮现出一句话：坚持就是胜利！

坚持，要付出汗水。在那年的一天下午，我们来到了舅公的水稻田，从远处望去，就像金黄色与绿色在宣纸上泼洒开一般。一棵棵水稻挨在一起，密密麻麻的一片。我们拿着镰刀，背着竹篮，来到了那片稻浪前。我们迫不及待地钻进浪中，蹲下身子，那水稻就遮住了我们的身影。

锋利的刀刃闪着寒光，看得我不寒而栗。我三步并作两步一把攥紧水稻叶子，闭着眼把刀一挥——啊呀，我都割了什么呢？我盯着手中紧紧抓着的有些枯黄的叶子，无奈地笑了笑。凉爽的风吹着我的头发，吹在脸上，手上，吹着大片大片的水稻。我手心早已冒出了热汗，木制的刀柄隐隐散发着热气，脚下的泥土也有些发烫。再割一次！再割一次！我抓住稻秆，"唰"的一声，终于获得了一小株水稻。许多稻粒散落在地上，仿佛在述说着我的疲累。我又咬咬牙，继续往下割。

"唰唰……"手起刀落，渐渐地，拿刀的手挥舞得快了起来，一株又一株的水稻，飞进了我背上的竹篮里。我的眼睛扫过一株又一株的水稻，目光跟着飞进了竹篮里。剩下的稻秆扎根在泥土中，秋风吹得它们摇摇摆摆的，就是不肯倒下。"唰唰……"，镰刀挥动的声响在空旷的田野上回荡着，伴随着微风吹动稻浪的沙沙声，伴随着人们吁吁的喘气声。

我真想就这样倒在田野里，嗅着泥土的芳香，借着习习秋风，美美地睡上一觉。"有一个小时了吧？"我美滋滋地想，"也该收差不多了。"我抬头想看看还剩下的那"一点点"，才发现那划分收割地的红线离我还有几十米之远。"才收了一半啊！"我不禁叹了口气。天使与恶魔在脑中打着架。摸着脑门上的汗，望着眼前的那块田，一丝光亮忽然从脑海中闪过。

我握紧了镰刀，擦去头上的汗水，暗暗对自己说："坚持就是胜利！"我又像一阵风一样，挥动着镰刀，继续向前，朝着太阳升起的方向冲去。

什么是坚持

范泽远

　　什么是坚持？小时候的我，在读完郑燮的《竹石》之后，认为做完一件事就是坚持。

　　三年级时，我刚开始学乒乓球，每回上课都要重复一样的动作，我觉得无聊至极，想放弃之时，想起了《竹石》那四句诗："咬定青山不放松，立根原在破岩中。千磨万击还坚劲，任尔东西南北风。"我在内心深处问自己："什么是坚持？"这次，我得出的结论是：不轻言放弃就是坚持。刚开始学习一项技能大多是枯燥无聊的，但很多高超的技艺都是在无数次基本功的重复后磨炼出来的！坚持住，我在心里暗暗鼓励自己。

　　四年级时，我每周都在刻苦训练着，球室里滚落满地的球，衣服上浸透满身的汗。随着我球艺的长进，我已经有了一个新的目标：那就是入选高手云集的校乒乓球比赛！

　　五年级时，"哎！"我无奈地摇了摇头，垂头丧气地离开了乒乓球馆。一年半的努力似乎都因为在极其关键的初赛中的糟糕状态而白费了。"到底还要不要坚持呢？《竹石》里说的坚持有用吗？那说的毕竟只是竹子啊……而坚持，到底是什么呢？"我迷茫地想着。经过一段时间的消沉，我决定还是要继续拼搏。既然已经坚持了这么久，怎么能让自己的努力白费呢？"加油，坚持下去，你一定会成功的！"我暗暗在心里为自己打气。

五年级时，我捶打着桌子，在校乒乓球比赛的半决赛中，我遇到了一个强劲的对手，他的削球让我连招架之力都没有。3：11，我毫无悬念地输了第一局。在局间休息时，我问自己："还要坚持打下去吗，似乎已经没有希望了……"这时，心中那个坚持的"我"说："你难道忘了家人对你的鼓励，老师和同学对你的期望，还有你自己赛前的信心吗？坚持住，一定要赢下这场比赛！"在第二局比赛中，我虽然找到了一些应对的方法，但还是6：9落后，我背诵着《竹石》的四句诗，给自己加油打气。接下来五球，我好像拥有了一股莫名的神力，怎么打，怎么有，11：9，我逆转了这局比赛。第三局，我硬是把对方器张的气焰打了下去，一个干净利落的11：4。最终，我赢得了比赛！虽说在决赛输得有些可惜，但个人亚军和团体冠军的结果已经大大超出了我的预料。更让我欣喜的是，我用自己的经历证明了这首诗是正确的，我一直以来的坚持也是正确的。

什么是坚持？现在的我，再次品读了《竹石》之后，认为坚持就是要像那一棵棵竹子，尽管历经重重磨难，但仍不懈挺立的精神；就是不单单是做完一件事，而且要做好一件事，这才叫坚持！我相信，有了这种信念，我一定可以战胜困难，超越自己。

柔石穿行，逆水难摧

云 飞

从小妈妈就告诉我，做事要持之以恒，不能做到一半就放弃，不然就失去了成功的资格。小时候我不懂这是什么意思，对它的理解也十分朦胧。那时我喜欢画画，请求妈妈帮我报一个美术班。妈妈问了很多遍，直到确认我是真的很喜欢画画而不是一时兴起，便带着我在艺术培训机构报了名。

第一次上课时，我十分期待，催着妈妈赶紧出门，并且第一个就到了教室。我小小的脑袋里充满了对课堂的憧憬。不一会儿老师同学们都到齐了。开始上课以后，我专心致志地学着老师的样子，把老师要求我们画的都画了下来。老师还因此表扬了我。那是我第一次体会到画画的美好。每一次下课以后，我都会期待着下一次的课堂。平时也会常常回忆老师教的，争取在课上发挥到最好，得到老师的表扬。

随着时间的推移，我慢慢长大，学的东西也越来越多，渐渐地没有那么多时间练习，进步也开始变慢。要画的东西越来越难，偶尔遇到挫折也会想放弃。每当想放弃的时候，妈妈总会教导我，彩虹总在风雨后，不经历风雨怎能见到彩虹呢？再说都已经学了这么久了，假如放弃了，前面的努力不就都白费了吗？曾经她还给我讲了一个故事：有一池荷花的花骨朵，第一天开了一朵，第二天开了前一天的两倍，后来每一天盛开的数量都是前一天的两倍。假如第三十天这个池子将会开满，这些荷花就算是获得了成功，她们给人们留下了最美的印象。可是有多少人在旅途还没结束时，没有看见满池的荷花就不想再等下去了。也许是在第十五天，甚至是在第二十九天。不坚持一下，怎么知道离成功还有多远？就这样，我挺过了一个又一个挫折，踏平了一个又一个障碍，迈上了一个个新的阶梯。我想，我大概会一直坚持下去，永远也不会放弃它了。

回头去想想，坚持是什么？有人曾说过，坚持是一种信仰。它不是一种知识，也不是一种技能，而是一种义无反顾的执着。信仰是坚持的动力，坚持是信仰的过程。

一直到现在，我还是很喜欢画画。也取得了不错的成绩。对那句话的理解也变得更加清晰。我真要感谢当时鼓励我的人还有不轻言放弃的自己。如果连最基本的坚持都无法做到，还谈何成功？成功没有捷径，最重要的，是那颗愿意坚持的心。

032

小松成大树

薛乔涛

没有拼搏的人生是苍白无力的孤行，没有奋斗的生活是黯淡无光的虚度。他人的讥讽与嘲笑也可以是阳光和雨露，让努力拼搏的你奋发图强，冠至凌云，长成参天大树。

看到那株在寒风中挺立的小小松柏，杜荀鹤那首小诗突然流过我的心间：自小刺头深草里，而今渐觉出蓬蒿。时人不识凌云木，直待凌云始道高。

看着它小小的身影，我仿佛看到了曾经那个拼搏的自己。

初入六年级时，许多同学已经在为小升初做着打算了，不少人在为私立"三甲"而摩拳擦掌、养精蓄锐。中不溜丢的我不甘落后，也自有一番"凌云志"，我暗下决心要更努力学习，要考上理想的初中。

毕竟小松柏也有长成大树的愿望，不是吗？

但是，不起眼的我，埋没在众多优等生中，不过是个小透明。一回，老师问我们的理想中学，好多同学争先恐后地举手，我攥紧拳头，坐在小角落。"你来。"老师随手一点，我被叫了起来，我有些局促，但一想到那一番"凌云壮志"，我便仰起头中气十足地说道：

"我要考进三牧中学！"

全班愣了几秒，然后飘来一些窃窃私语，接着又是几声带着嘲讽的笑，很快班里就因为我的"大话"而活跃了起来。

"嘿，还想考进那么好的中学……"

"哈哈，她真是有'雄心壮志'。"

"喂，你看她……"

我涨红了脸站在位置上，耳边嗡嗡地响，脑袋一片空白。额头上的冷汗轻轻地滑过脸庞，却像是暴雨重重地击打着我的额角。心中充满着"山重水复疑无路"的迷茫，自信就像一株正被风吹雨打的小树，支离破碎。

松柏遭到风雨的打击，它还会直起它的腰杆吗？

好在，这段尴尬没有持续太久。没过几周，大家都忘了这件事，我又成了班级里芸芸众生之一，才貌不惊人，老师不赏识。但是，我一直在默默努力着，比从前任何时候都更努力。人不是生来就被风雨打败的，我不想只做那埋没于草丛间的一棵小松，我要努力拼搏，顶住寒风，长成参天大树，为自己博得一片更美好的明天！ 临危不惧是面对风雨的抗争，破釜沉舟更是一种全加以赴的拼搏。在那短短数月中，我一直牢记着那次尴尬而又激励着我的 "风暴"，所以，我开始更加努力，在大家嬉戏打闹时，我奋笔疾书；在大家吃喝玩乐时，黄卷青灯陪伴着我；在大家香甜入梦时，秉烛夜读伴随着我……当我想放弃时，咬咬牙，告诫自己，人不是生来就被打败的，我要用奋斗改写命运，我一定要成为那棵参天大树。

山重水复后是心的柳暗花明，巍巍风雨后是树的茁壮成长。

后来，我的"努力史"成了同学口中的一段佳话，但我并没有松懈下来，我知道人的一生有很多征途，许多时候，我们像诗中的那棵小松一样："自小刺头深草里，而今渐觉出蓬蒿。时人不识凌云木，直待凌云始道高。"虽然平凡埋没于众生间，虽然暂时未得世人赏识，但是我们仍要顶住寒风，努力拼搏，坚持长大长高，最终会博得一片自己的天地。

每站风景如旧

　　书上的插图，不足以展示我心中的风景，我迫切地想要获得更多知识，走得更远，让这个站点的风景，毫无保留地绽放在我眼前，我渴望去了解这段人生旅途之美，是这个站点的风景，求知。

古诗伴我行

程顺烜

古诗是中华民族几千年文化的体现，它不仅让我们体会到文化的博大精深，更陪伴我们不断成长。

读《悯农》时，从来"饭来张口"的我一直不理解诗人为什么那么可怜农民：又不是上阵杀敌，马革裹尸，有何好"悯"？直到我体会了一次真正的农民是怎么辛勤劳作的，我才明白诗意之深。

那天，我们一家人回到老家。休息到下午两点，大家一起拿着锄头向菜园走去。外公在老家十分清闲，就把菜园翻整后开始种菜，我们每次回来都会到外婆外公的菜园中收菜。

大家来到菜园，勃勃生机的菜植映入眼帘，充满生机。看着菜园，我兴致勃勃，这是我第一次参加"收菜行动"，之前因为太小都不被允许参加。外公在给我们几个小家伙示范后就让我们自己去挖了。大家干劲儿十足，一直挖到傍晚，看着丰富的收获，我十分高兴。吃完晚饭，从兴奋中平静下来的我才发现自己腰酸背痛。此时《悯农》浮现在我的脑海：农耕劳作看来是有些辛苦。

第二天起床，我发现身上好乏啊，手都有点抬不起来。外公又要带我们去菜园，只不过这次是要把空地给播上种子。跟昨天一样，外公先示范了怎么播种子，可看起来容易做的事自己做起来却特别困

难，还没过一会儿我已经汗流浃背，很快就气喘吁吁。昨天的兴致勃勃完全被辛苦取代。最终完成任务，回到家时，我感觉整个人都散架了，疲惫不堪，而我还是干得最少的。此时再想起《悯农》："春种一粒粟，秋收万颗子，四海无闲田，农夫犹饿死。"就能深刻地体味到农民的艰辛与命运的无奈。他们一年到头起早贪黑，可连饭都吃不饱，这真是让人既可怜又愤怒！

读诗，是一个成长的过程。因为许多诗不仅要懂得诗的内容，更要了解它的深意，而这些，需要与自己的生活积累联系起来。我想，随着年龄的增长和心智的成熟，我将越来越能体会到中国诗词的美。

诗词大作战

刘羽珊

037

诗词歌赋是中国文化的精髓，从我们咿呀学语的时候，"床前明月光，疑是地上霜"就伴随着我们了；"大漠孤烟直，长河落日圆"引我们进入了诗歌殿堂；"星汉灿烂，若出其里"把我们又带进了豪情壮志的诗歌"战场"……

冲锋号吹响

"同学们，请将桌面上和综测相关的书都收起来，我们要开始啦……"每周四的语文课，你总是能听到这样的"冲锋号"。"空山新雨后"的下一句是什么？"日暮秋风起，萧萧枫树林"的解释？"春城无处不飞花，寒食东风御柳斜"的前两句是什么……啊！救命啊！这些都是可怕的《广吟篇》发射出来的"子弹"。虽然同学们是有备而来，但是在密集的"枪林弹雨"中还是免不了会挨"枪子"。瞧，教室里有的同学信心满满，奋笔疾书，笔在纸上不停飞舞着，像一只翩翩起舞的蝴蝶；有的同学眉头紧锁，抓耳挠腮，咬着笔杆，一副苦思冥想的样子；我则不时地看着教室里的那个挂钟，好像一直盯着就可以让时间减速，脑子在飞速运转着，最后清点"战利品"时总还是会这里错点，那里漏点，有一天，教室传来一阵欢呼："《广吟篇》，我爱你！"咦，出了什么状况？同学们怎么对这位"魔鬼"的老师改变态度啦，我们去看看发生了什么吧！

"魔鬼老师"摇身变"仙子"

原来，在那天综测结束后，我们的"陈子"老师下达一个诏书：写！作！文！同学们刚开始只是微微一笑——有什么可怕的，只是写作文而已嘛！当"诏书"宣读完毕时，许多同学不再是微微一笑很倾城了，而是愁眉苦脸东逝水……这是怎么了？原来作文的题目是：《遇见最美古诗词》。班上顿时慌乱起来，同学们一下子傻眼了，你看我，我看你，不知从何下手。突然，不知谁脱口而出："我们不是有《广吟篇》吗？那里面可有一百二十首古诗词呀！"只听一阵翻书声，同学们纷纷掏出《广吟篇》，双手捧着，嘴里直嚷道："啊，亲爱的'小青姐姐'，赐予我力量吧……""小青姐姐救我！"开始了各种讨好攻略，对我们的"小青姐姐"又搂又抱，希望从中找到最心仪的古诗词"仙子"，带着自己投身战场奋力拼搏！

自从那天后，我们的"小青"姐姐的人气可是一路飙升，此时此刻，我们不再叫她"魔鬼老师"了，她有了一个新的称号——"最美古诗词仙女"。下课时，你若来到我们的教室，我相信，你总是能看到我们人人手中抱着一本《广吟篇》，时不时摇头晃脑地吟上一两首，还常常结伴组成学习小组，畅游在诗词的海洋中。看，班长正带领我们朗读呢，他读得多入神，头有节奏地摇着，耳边传来了琅琅读书声：

"淮中晚泊犊头，宋，苏舜钦"

"春阴垂野草青青，时有幽花一树明。晚泊孤舟古祠下，满洲风雨看潮生。"

走近古诗词

陈涵瑜

古诗词是文化的精髓，多少年来，无数人为其倾倒。李白的浪漫，苏轼和辛弃疾的豪放，李清照的婉约，马致远的思乡情怀……都为古诗词的丰富灿烂书写了不可磨灭的一笔。总让我沉醉其中。

送别总让人悲伤，但诗词里的送别有一种格外的美丽。王勃的"海内存知己，天涯若比邻"写出朋友的真义，就是即使分隔两地友情也不会改变；王维的"劝君更进一杯酒，西出阳关无故人"则隐含着朋友离别的思念与无奈，让我想起四年级时出国的好友，想要遥遥给他送去祝福。

思乡则令人惆怅。老树上缠着枯萎的藤蔓，黄沙漫天的小小古道，一个漂泊在外的游子牵着一匹瘦弱的老马行走着。马致远的《天净沙·秋思》写尽了在外漂泊的人的心酸与无奈和浓浓的乡愁，让人不由得融进诗中那个荒凉萧瑟、令人心中觉得凄凉的场景。在外的游子，哪有不思乡、思亲的？苏轼的《水调歌头·明月几时有》是我最熟知的诗词，那年中秋，爸爸在外地工作无法回来，就把这首词发给我，告诉我即使家人分隔两地，也能"千里共婵娟"。那时，我心中无法团聚的忧伤被这首诗的通达之意给抚平了。

优秀的古诗词灿若繁星。虽然现代生活十分忙碌，常令人无所适从，但我们依然可以爱诗读诗，诗意地栖居在大地上。

我和诗词有个约会

王诗恬

美好的四季，美妙的大自然，美丽的古诗词，他们之间会擦出怎样的火花呢？我和诗词有个难忘的约会。

春 之 颂

我和诗词有个温暖的约会，那是在妈妈的爱里——谁言寸草心，报得三春晖。

那是一个美好的春天，和煦的阳光洒在窗前，一双纤细的手正在编织毛衣，那是妈妈的手，一双温暖的手。她的手法是那么娴熟，那一针一线都是对我的爱的见证；那一针一线都是对我温暖的关怀；那一针一线更是对我全心全意的呵护。妈妈的爱就像和煦的春光，照耀我的心房。妈妈，您辛苦了！

与母爱的诗词约会，让我的心灵更充实。

夏 之 恋

我和诗词有个甜蜜的约会，那是在美丽的杭州——小荷才露尖尖角，早有蜻蜓立上头。

那是一个炎热的夏天，我来到了心驰神往的杭州西湖。碧绿的荷叶、"出淤泥而不染"的荷花与清澈的池水点缀成一幅美丽的夏荷图。微风拂过，荷花轻轻摇曳，像一位舞者在自己的舞台上展示自己曼妙的身姿。可爱的小蜻蜓，起了个大早，在荷叶与荷花间嬉闹。这是多么富有生机的景象，这是多么和谐的画面！我乘着船，荡漾在湖中，感觉自己可谓是"舟行碧波上，人在画中游"！我多么想把这一刻留住，西湖真是一个让我流连忘返的好地方！

与西湖的诗词约会，让我的心灵更甜蜜。

秋 之 思

我和诗词有个忧愁的约会，那是坚守在工作岗位的爸爸——夕阳西下，断肠人在天涯。

那是一个不完美的秋天，窗外的树叶不断地飘落，刺骨的秋风凄凉地呼啸。中秋节，本应该是家人团聚的时刻，今年中秋，我的爸爸又不能回家过。爸爸是华能电厂运行部的工程师，为了能让千家万户在团聚时能灯火明亮，爸爸选择了坚守岗位；为了让千家万户在明亮的灯光下，吃上一顿圆圆满满的团圆饭，爸爸放弃了与家人团聚；为了让千家万户看上精彩纷呈的中秋节晚会，爸爸选择了独守孤独与寂寞。

夜，是那样静；月，是那样圆。"每逢佳节倍思亲""圆月之日，断肠人在他乡"。爸爸，我和家人始终思念着远方的你！

与秋月的诗词约会，让我的心灵更伤感。

冬 之 傲

我和诗词有个励志的约会，那是在小路上的我——墙角数枝梅，凌寒独自开。

那是一个寒冷的冬天，雨淅淅沥沥地下着，重重地砸在我的心上，花儿们在寒冬里失去了春天里百花齐放的活力，唯有那坚强的梅花在寒风中挺立着，散发出阵阵幽香。我拿着数学竞赛的卷子走出考场，试卷上对的题数屈指可数，这让我很懊恼，心想：难道一个寒假做的奥数题真的"一江春水向东流"了吗？不经意间，我看见在寒冷中挺立着的梅花，顿时，那几朵艳红的梅花给了我无限的力量，让我的精神为之一振。是啊，脆弱的梅花尚能傲雪凌霜，我怎么能被这小小的挫折打败？我要做傲雪的梅花！

与梅花的诗词约会，让我的心灵更坚强。

成长的过程中，我经历了十几个春夏与秋冬，而这四季的轮回中，是诗词一直陪伴着我，诗词让我明白了什么是坚强、勇敢，领悟到了生命的意义和人生的真谛！我和诗词有个难忘的约会！

幸福的颜色

郑婉祯

　　幸福是五颜六色的，它像是生活中细小的拼图，需要我去寻找它们，拼出一幅多彩的幸福之画。

　　厨房里，妈妈熟练地切着橙皮，倒入果汁机中，打开电源，几分钟后一杯甜美的橙汁出来了。"哇，真香！"我接过橙汁，缓缓地吸了一口气，一阵阵清香流入我的心间，看着鲜艳的橙色，在杯中旋转，我喝了一小口，仔细品味着唇间的甘甜，再喝一口，橙汁好似在我心间跳动，滋润着我，我感受到来自橙汁中的幸福，来自母爱的幸福，妈妈看着我十分享受这杯橙汁，温柔地笑了。幸福原来如此简单，它是妈妈的橙汁，它的颜色是橙色，它的名字叫母爱。

　　"生日快乐！这是你最爱吃的酒心巧克力！"表姐给了我一个意外惊喜，从大老远的加拿大回来为我庆生，还带了一盒我最爱吃的酒心巧克力。"来，吃一块。"说着表姐拿出一块黑色的酒心巧克力塞进我嘴里，轻轻咬开，酒与巧克力融合在一起，香，甜，幸福！表姐一边给我讲着她的故事，一边与我一同品尝黑色的酒心巧克力，当浓浓的酒香流入口中，幸福也从心中飘出，充满了屋子，我觉得幸福是黑色的，巧克力的颜色。

　　夜晚，楼道停电了，伸手不见五指，我艰难地翻找书包里的钥匙，这时弟弟打开手电筒，一束白色的光照亮整个楼道，"你来得可真及时！" 我不禁感叹道。在家中，我和弟弟在白色的手电筒照耀下，玩起了我多年不玩的游戏，多年未玩的玩具。似乎是这道白色的光让我了解弟弟，体会到他平日里纯真、幸福的童心，看着他灿烂的笑容，我也倍感幸福。幸福的颜色是纯净的白色，也是手足情。

幸福或许平常、琐碎，但只要我细心寻找，总能将它拼成一幅美好的生活画卷。

那一股暖流

张雨铮

044

您说过，您会把我们当成自己的孩子，带我们一起走过那举行毕业典礼的礼堂；您说过，倘若我们是鲜花和小草，您便是阳光和雨露；您说过，您对我们，有着我们想象不到的——不是亲人，胜似亲人的爱。每当我回想起曾经有您陪伴的日子，心里总是会涌起一股幸福的暖流。

您是否还记得，那年，我五年级。由于我是校管乐队队员，所以放学后还要留下来为比赛排练。直到其他的同学全都走完，我们才放学。全校最后一间教室的灯也暗了，每间教室都空无一人，我不惯这鸦雀无声的校园，心里有一阵凉意，于是加快脚步往外走，在校门口碰见了劳累一天的您。您也看见了我，冲我露出了一个美丽的微笑："你还没回家呀？"我急忙回应说："我排练。"您笑着让我停一下，从包里拿出一个蝴蝶结发卡，捧在手心："好看吗？老师自己做的。"您轻轻地把发卡夹在我的头发上。我支支吾吾地道谢。风停了，您是太阳，驱散了黑夜的寒冷，驱散了我心里的凉意。再也感觉不到排练的辛苦，只感到心中那股暖暖的流水，奔流在我的心谷。

您是否记得，您在五年级下学期时对我们说："如果明年不是我带你们，你们要怎么办？"我们都不以为然，认为您不会这么说走就走。然而，事与愿违，您去了乡下支教，由一个男老师来带我们。我哭了，许多人都哭了。那时，我真希望您只是在骗我们。但您经常回来看我们，还带自己做的小饼干。我们将其奉为至宝，像吃到妈妈的爱心饼干一样，满脸幸福。心里暖暖的——那是什么？是饼干的魔力吗？无人知晓。

六年级的寒假，您组织我们拍了场微电影，并送给我们每个人一条手链、一个拥抱。这部微电影始终保存在我的手机里，连同发卡和手链，一起放在床边，一同入梦。每当看见那些东西，心里总是会泛起一股幸福的暖流。老师！处处都是您的踪迹，您就是我心中的那股暖流，从未离开过。

春天，在回家的小路上

卞 琳

"哗啦啦"伴着一颗颗豆大的、冰凉的雨点儿落在身上，天，阴了。一阵冷风吹过，我不禁缩缩身子，加快了步伐。天地万物贪婪地享受着这场春雨带给它们的滋润，可过往的行人却匆匆忙忙地赶着回家，嘴里还时不时地抱怨上两句。

我又何尝不是呢？抬起头，看着阴沉沉的天空，小声地嘀咕道："真是太讨厌了！这种鬼天气，一会儿晴天一会儿下雨的，不把人弄感冒了才怪呢！"看着连腾脚的地儿都没有的人行道，我重重地叹了一口气。

忽然，一抹纤细的身影映入了我的眼帘：那是一个比我大的女孩儿，高挑的身材使她格外显眼。她有着一头乌黑靓丽的秀发，一双明亮透彻的大眼睛。清秀的面孔，使人看上一眼就难忘。在雨中，女孩儿撑着一把蓝色的雨伞，时不时地往外瞅，脸上露出了焦急的神情。她好像在等谁。

似乎看到了什么，女孩儿的眉头舒展开来，脸上露出了开心的笑容。我顺着她的目光看去：那是一位年迈的环卫工爷爷。在大雨中，他披着单薄的雨衣，任凭雨点儿打落在身上。手上的扫把挥动着，将被风吹落的树叶扫入簸箕。白色的碎发上淌着雨珠，脸上的皱纹经过岁月的洗礼显得更加苍老，矮小的身形，让人觉得他瘦弱无比。

我犹豫着要不要过去帮帮那位爷爷，却已经有人比我快了一步。

只见女孩儿快步跑过去，用手中的伞遮住环卫工爷爷瘦弱的身躯。看到这一幕，我的心被什么撞了一下，鼻头一酸，想到了一句话：人美，心，更美。

爷爷似乎感到身旁有人，抬起头，脸上流露出了惊讶。但过了一会儿，老爷爷的眉头皱了皱，用沙哑的声音说道："孩子啊，不是和你说过吗，不要再来啦，我没事。这点儿雨不碍事，好了，快回去吧！别耽误了学习呀！"

"爷爷！我没事的，就让我帮您吧！你这样子，迟早会生病的。"不难听出话语中夹杂着担忧的语气，而那双清澈的眸子仿佛是世间最美的宝石，散发着最为真挚的光芒。

"哎呀，你快回去吧！我真的没事！再说，孩子，我和你非亲非故的，你总是来帮我，这……唉！"爷爷明显有点儿手足无措。一只手抬起却又落下，眉头也皱得更深了。

"爷爷，好了好了。喏，您看！"女孩儿伸手指了指灰暗的天空，"您的年纪大了，这种天气您怎么能受得了呢？再说了，您每天都在为我们清洁着这个城市，我这是在替大家感谢你呢！所以呀，爷爷，您就别再推辞了！"说完，女孩儿俏皮地笑了笑。

雨，越来越大，像开了闸门似的泻下来，也越来越猛烈。房顶上、街道上，溅起一层层白蒙蒙的雨雾，宛如缥缈的白纱。刺骨的寒风不断地袭来，使人瑟瑟发抖。但似乎有一只温暖巨大的手笼罩着我的心窝，倍感温暖。

听到这儿，环卫工爷爷那松弛的双眼泛出了点点泪光，布满老茧的双手微微颤抖着，用哽咽的声音说道："你真是个好孩子！真的是谢谢你了！"

女孩儿摇摇头，微笑道："没事的爷爷，走吧！我来帮您。"

望着他们离去的背影，心中有太多太多的想法。

一切还是刚开始的模样。雨，依然如瀑布般泻下；风，也依旧像怒吼的雄狮朝我们奔来；过往的行人，还是急急忙忙地赶着回家。而唯一不同的就是，在透骨奇寒的风雨里，身体已经不再冰冷。因为在回家的这条路上，我感觉到了春带来的美丽与温暖。

那暖暖的幸福

潘楚云

　　有一种爱，它不似奔腾的黄河那般汹涌激烈，也不似潺流的小溪那般冰凉寒冷。它宛若半杯清茶，透明中带着片片青绿，入口时暖人心扉，这温热便是——母亲的爱。

　　每次出门时，耳边总会响起母亲的话语——"注意安全"。不论母亲是在厨房里做饭，在院中打理花草，还是在电脑前工作，她都会立马探出头来，说这句话。母亲这一声叮嘱不知陪伴了我多少岁月，如一块香甜软糯米糕入口，令我心中充满淡淡的甜味，温暖无比。声声浅浅的叮嘱，是母亲浓浓的关怀，让我收获暖暖的幸福。

　　天色暗了，夜幕降临，台灯上的淡淡黄晕，慵懒地洒落在窗前，斑斑点点。母亲轻轻地推开房门，端来一杯冒着热气的牛奶，"早点儿休息"，她轻声说道，母亲总是担心我累坏了身体。看着母亲端来的那杯温热的牛奶，白色的热气扑面而来，我的心暖了。端起牛奶，轻抿一口，浓郁的奶香味令人陶醉。口中弥漫着醇香的奶香，让我细品暖暖的幸福。

　　那个炎热的暑假，在乡下的午后。阳光懒散地洒在每一个角落，将每个事物都染成浅黄，风儿一点点地爬上心头，偶尔有几片叶子沙沙作响。

本是打算安心睡个午觉，不知为何却突然停了电，房间顿时变得闷热，没有一丝儿风，好似空气都凝固了般。母亲拿着麦穗编成的扇子坐在竹席边上，道："你先睡下吧。"我便乖乖躺下，不一会儿就沉沉入睡了，在母亲的小扇轻摇中，不觉得一丝一毫炎热。

等到醒来时，见母亲手中拿着那柄扇子，靠在藤椅上睡着了。看向窗外，暮色已临，天边的云霞饰起了艳色的朱砂，灿烂的夕阳照在母亲带着几分倦意的面容上，我心中泛起一阵涟漪。那暖暖的幸福，像是一束阳光洒入了冰封的土壤，刹那间一种涌动破土而出，不断生长绽放，使得满园芬芳。母亲的爱，是温暖长久的陪伴与关怀，藤蔓缠绕着点点玫瑰，枝枝蔓蔓，铺成我成长的道路。

岁月在墙上剥落，时光淡化了铭黄的记忆，但不能抹去那份温暖，历经无数次冲刷仍流淌着的——暖暖的幸福。

与难题的战役

巫昊霖

周末放假，数学老师又如往常一般，发下了一张数学周练。唉！虽然这周元旦多放假一天，可作业的繁多叫我提不起精神。

午饭后开始的午自习课上，我拿出数学周练，走上了漫漫数学题之征战之路……

这本是无心插柳，后来，竟然得到了人生的启示。

数学旅途上我勇往直前，冲锋陷阵，前面的选择题被我拿下，接下来的填空题我也毫不啰唆，很快，我就攻克了一个个的难关，来到了解答题的阵地。这是本单元的重点，我感到了力不从心。速度和之前完全不是一个级别。在我的奋战下，才慢慢打到了大Boss——最后一大题的最后一小题。我仔细审视，认真分析，却发现面前是个极为坚固的堡垒。

我二话不说搬来了救兵——同桌，大学霸林迪皓。他此时也在看着这题，抓耳挠腮，毫无思路。那算了！下回再想这道题，等一会儿还有表演呢！

第一战，我撤退了！

看着表演，我早已将此事抛在脑后。放学回到家，我继续和作业交战，不过这回目标不同，是文科军团。

做完了语文、英语作业，我才想到这道题。

再拿出来揣摩时，我突然发现一个小契合点，关联着角一和角二的三角形定律关系。我绞尽脑汁，拨开一层层浓雾，将要见到曙光之时，才发现按这个线索有两种不同的求证方法。

第二战，我有点儿想放弃！

我走出房间，父母正坐在沙发上看电视。我灵机一动，也许可以找他们呀！

谁知他们看了题目，思考良久，一个半天答不上来，另一个说不确定证明的过程。这条路我也放弃了，返回到房间去。

吃完晚饭，我继续去想题。这回只好用笨办法了——两条路都试试！

我又开始了在题海中挣扎。思考着每一处细节，每一个信息，每一次的判断，每一个角与另一个角的关系……咦？每一个角与另一个角的关系？哦！我发现了这点，果断放弃了第一种方法。我踏上了解第二种方法的道路，心中深知那就是正确答案。

过了一会儿，我擦掉额头上的汗，终于做出来了！抱着不到长城心不死、撞了南墙不回头的心态，此刻我终于露出了欣慰的笑容，心里美滋滋的。

第三战，完胜！

原来，遇到难题，只要有坚持下去的决心和一个正确的方法，最终，你会得到成功。得到了这样一个人生的启示，我心里又乐开了花……

静，心灵的所向

游乐鑫

庄子曰："静，天地之鉴也，万物之镜。"这看似简单平凡的"静"字，却蕴含极大的智慧。"静"，帮助我隔绝干扰、放下包袱，一心一意，向着自己的目标前进。

使"静"崭露头角的，是一首小诗——《题破山寺后禅院》。记得，儿时外公教我背这首诗时，对"静"不甚了解，眼里诗中的那句"万籁此俱寂"就是寥寥五字的句子罢了。我就这么咿咿呀呀地死记硬背下来，自然无法领悟到诗中的那份"美丽的山水使人心灵愈加沉静"的深意。

上了小学，我渐渐发现，生活中似乎缺少了一样东西。每每写作业遇到难题时，我便会着急，甚至还会气急败坏地敲打桌子。心越是急，思绪就越纷乱，最后仍是无从下手。考试写作时，也常常感到焦躁，思维仿佛被一扇玻璃挡住，在原地打转，不知如何下笔，最终只能生搬硬套，草草了事。一次次的惨痛失败，让我渐渐明白——我缺少了"静"。没有"静"，就没有了专注，更谈不上成功。我下定决心，要努力做到"静"。可在这茫茫大千世界中，何处有"静"呢？

我在寻找，寻找这"静"的意境。

一次旅行，我来到了日本京都。在市中心人口最密集的地方，我诧异了，这儿的环境实在是太"静"了，甚至让人觉得有些不真实。放眼望去，路上的行人步伐十分从容，街角的一花一树、一砖一瓦都散发着静谧的气息。这就是"静"吗？顺着青石板路我拐进了一座古寺——南禅寺，一进山门，遗存的唐宋古风扑面而来。到了方丈室，脱下鞋，踩在被擦得油光发亮的地板上，一切尘事仿佛都被洗净，挡在门外了。禅房里没有任何华丽的装饰，细心编织的草席、洁白的墙，处处一尘不染，充满了朴实沉静的气息。没有多少人，没有多少非自然的声音，就连呼吸声、脚步声都会下意识地放轻，"静"在这小小的方丈室里回荡。席地坐在回廊的地板上，四周没有艳丽的花草，只有用石头和白沙营造的枯山水庭院。我静静地望着这几块石头，眼中却仿佛看到了海洋、山脉、岛屿和瀑布。这不正是唐代诗人常建的那首《题破山寺后禅院》所描绘的幽深寂静的境界吗？我仿佛见到了分别甚久的友人，感到分外亲切。久久不忍离去，沉迷在这一石一沙的空灵世界里，细细品味这独有的"静"意和这"最美"古诗词："清晨入古寺，初日高照林。竹径通幽处，禅房花木深。山光悦鸟性，潭影空人心。万籁此俱寂，但余钟磬音"。这就是"静"，真正的"静"，没有任何杂念的"静"、没有任何顾忌的"静"。我终于悟到这份静趣和其中的深意！

浮躁的当下，有太多人不懂"静"，在事业或学业上感到迷茫，内心没有追求的方向和目标，得过且过！马云曾说："今天很痛苦，明天很残酷，后天很美好。但大多数人都死在明天晚上。"那些人只懂得拼命往前跑，认为这样才会到达成功的彼岸。但是他们都见

不到后天的太阳，为什么呢？因为他们不会沉静下来看看周遭的风景，分析现在的处境及适合自己的位置。由此可见，成功不仅需要奋力地拼搏，还需要具有静的智慧。

今后，无论做任何事，受阻于任何困难，我都应如先贤诸葛亮先生在《诫子书》中所言"君子之行，静以修身，俭以养德，非淡泊无以明志，非宁静无以致远"，让自己沉静下来，泰然处之，才能够看得更高更远。

每站风景如旧

林沁诗

这段风景，悄然开始……

心血来潮地花上一些时间，重温人生那些站点，一站站地成长。不记得转过了几个十字路口，不记得风景变了多少风格。停在某个站点，就已经发现，通向未来的岔路口，每站风景如旧。

人生的第一站，是我出生的医院。每一位新妈妈怀中，每一个崭新生命的深情。我不记得出生时父母喜极而泣的场景，但我想象得到亲人们围在床边，为新生命将来的旅途而期待。每一个人脸上对我的期盼，在如今依旧是初见的风景——希冀。

人生的第二站，是我的窗台。自幼时起，这个桌边的窗台变成了我学习玩乐的小天地，随手剪下一长条彩带，挂在窗棂上随风飘摇，我的心也随着彩带飘向远方。我喜欢坐在这个站点幻想，幻想自己未来的生活。窗台外是一棵高大的白玉兰，透过叶片看这个世界，颇有种坐井观天的代入感，但我总幻想着美好的未来，也悠然自得享受这个站点的风景——纯真。

人生的第三站，是我的书柜。书本摞得整整齐齐，把书柜装得丝毫没有空隙。书籍也把我的生活填得满满当当，我通过阅读观望世界的美好风景。知道了这个世界上还有和我不一样的物种，知道了这个美丽地球的生生不息。书上的插图，不足以展示我心中的风景，我迫切地想要获得更多知识，走得更远，让这个站点的风景，毫无保留地绽放在我眼前，我渴望去了解这段人生旅途之美，是这个站点的风景——求知。

人生的第四站，是我的学校。在校园里，任何一株小草都是风景，而任何一个朋友，同学，都可以给生活添上不一样的色彩。牵着手一起去办公室，互相追逐着在操场上狂奔，每个人都是不同的色彩，为这一站的风景涂上五彩斑斓的灿烂。我拥抱着灿烂的友情，尽情感受着这个站点人潮涌动'互相关怀的美好，我们都相视而笑，分享这一站的风景，友情。

走过那么多站，心中美好依旧，期待下个站点，未完待续……

逐 光 者

浅 笙

经过了无人能体会理解的绝境后，遍体鳞伤的心灵要如何才会有希望？

　　脆弱的内心在初生时总是柔软的，但在这个四处黑暗的世界中反复碰壁，把自己撞成了圆滑的模样，坚硬的外壳包裹着脆弱的心灵，以盔甲遮挡住了伤害，可封闭阻绝了所有的希冀，掩盖了所有的光芒。

　　他们需要的到底是安慰，还是光明？那被甲胄覆盖的心灵，是否依旧需要光明？

　　光是灼热的，刺眼的，它会伤人，置你的一切努力于死地。如同飞蛾扑向了火，它终于死了，可从没人问过它是否后悔死于最深爱的光火灼热。因为它从来都向往而追逐着致命的火光。光是灿烂的，美好的，它让陷入绝境的人起码有努力的权利。因为有光在，所以世界仍然还在；世界没有破碎，黑暗还有希望。

　　但光明总是不公平的，它照射不到的地方就是阴影。世界上永远存在阴影，永远会有站在阴影中的人；世界上会有永远阴影的地方，但不会有永远站在阴影中的人。光会游走，如果想一直站在光下，就需要挪动自己在黑暗中自暴自弃而险些生出根的双脚，追逐不等待你步伐的那一束仅有的光线。因为仅有，所以更要珍惜能改变你现状的希望。

　　逐光的人总希望能跟上它的脚步。他们或许奔跑着，向着眼前的光亮冲去，终究冲破阴霾获得新生。他们或许在看似无边无际的黑暗中狂奔着，朝着也许永远不可能会有光的方向。但他们不后悔，因为希望永远不会死去，一切的迷茫都是黎明前短暂一时的肆虐，苟延残喘的示威。

　　逐光的人是孤独的。他们希望能有人陪伴着他们寻找未来，但每个人终究拥有不同的旅途，追逐不同的光明。无人同行固然失落，可人最需要的精神支柱是自己的内心。听从心底里最初的那个声音，就算目标单一，花光所有力气，那个孤独而强大的信念发出的声音依旧

是，在所不惜。

逐光的人固执己见，他们专一而倔强。他人的嘲讽反而会让他们更加坚定，一层一层的讥笑反而会褪去他们坚硬封闭的甲胄，使逐光者绽放出最自信灿烂的光辉。他们需要别人给予刺激，因为无人支持，所以更加自强。无论世界如何欺骗你，终究不会背叛你的，是渴望光明的内心。

你看这么渺小的我，因为光，而有梦可做。追逐的长路漫漫，不能停息。人生对脆弱与否的考验便在这里。

你相信自己所追逐的光明吗？

玉门纪行

缪 延

玉门关，位于甘肃敦煌西北约九十公里处的戈壁滩中，自汉代以来即为重要的通往西域的兵家必争之地。那年夏，我有幸来到此地旅行。

汽车一驶离敦煌，放眼望去，尽是荒凉的戈壁，除了依稀可见的车辆与远方若隐若现的祁连山脉外，再无他物。车轮扬起滚滚沙尘，刺眼的阳光剧烈地蒸发着残存的水分。渐渐地，车子驶进了一条颠簸的岔路，一小片绿洲出现在眼前，还有一座土城模糊的身影。我知道，这里就是玉门关了。

下车，我踏上尘土飞扬的沙石路，凝望着远处曾经的玉门关。一

段时间流逝后，此时已是黄昏，火红的夕阳渐渐西沉，映照在白云上形成灿烂的晚霞。耳畔响起了风声，它裹挟着大漠上的黄沙和荒草，从不可知的远方而来，吹过那曾经的关城，又向不可知的远方而去。正如诗人李白的《关山月》：明月出天山，苍茫云海间。长风几万里，吹度玉门关。

那遥远的祁连山上，群峰顶端，云卷云舒。仿佛是在用另一种语言，诉说着往事。

走近古关城，沧桑的玉门关展现在眼前。四四方方的土城，部分已经坍塌，只剩下断壁残垣，这是时光侵蚀的见证。古老的门洞仍在，走进去，抬头便望见湛蓝的天空，城里无数的废墟铺展在不知染过多少鲜血的土地上。遥想当年，在这一中原王朝与西北游牧民族战争的前线中的前线，不知发生过多少金戈铁马、刀光剑影。看着方盘城中陈列的汉代竹简，我的耳边却仿佛听见了那时的号角声与厮杀声，有谁知道这里曾多少次血流成河、尸积如山？真是：汉下白登道，胡窥青海湾。由来征战地，不见有人还。

057

不论是当年的帝王将相、英雄豪杰，还是无名尸首，孤坟白骨，都已经埋没在这历史的黄沙之中。只有玉门关，依旧矗立在地平线上，像一位孤独的士兵，与亘古的苍茫为伴。

走出关隘，向着敦煌的方向回望，眼中除了无尽的戈壁，并无他物。这回，我也体会到了古人溢于言表的凄凉。守关的将士们在高墙之上，重重的乡愁萦绕在心中，但是无论如何也看不到朝思暮想的故乡和家人一眼，所剩下的只有无尽的叹息和默默的思念。让人追忆：戍客望边色，思归多苦颜。高楼当此夜，叹息未应闲。

这种悲痛与孤寂，还有对注定结局的叹息，是无以言表的。

我慢慢地离开关城，走远，最后回望了一眼。玉门关，就如同一位老者，他的大半生都是在战争中度过的。战争带来了太多的死亡与杀戮，太多的苦难与悲怆，太多的疮痍与荒凉。他也见证了无数的妻离子散、家破人亡。但他终究只是一个旁观者，他无力阻止和改变这一切。他深知，百姓们真正希望的，只是和平而已。诗人的用意，正在于此。

深夜，我正在回敦煌的路上。经过玉门关，我又想起了李白的《关山月》，想起了那位老者，他经历了不知多少风吹雨打，仍旧守候在苍茫的戈壁中，与满天星斗为伴。

难忘的春游

陈致远

058

这天，天清气朗，参加"走出课堂，体现生活"春游活动的我们出发了。

大家都欢呼雀跃、兴奋不已。我们穿着整整齐齐的校服，兴奋地向深圳进发。一路上，我们唱着歌，玩着游戏，开心极了。

不知不觉，我们已来到植物园。这里占地广，植物品种丰富。导游特意带着我们去看邓小平爷爷1992年亲手种的一棵树，名叫高山榕。这棵树虽然年纪不小，但它依旧枝繁叶茂，许多人与它合影留念。参观完，我们来到一片青草地，大家都在这里玩耍。有的跑来跑去，弄得满头大汗；有的围成一个大圈，在玩丢手绢；还有的躲在一旁津津有味地吃零食，生怕给老师发现。

阳光灿烂的中午，我们离开仙湖植物园。吃饱饭后，去下一站——海洋世界。

在海洋世界，我们先去观看精彩的表演。有几个男跳水运动员站在高高的平台上，勇敢地起跳，在空中做出转体，再利落入水，哇！好厉害！我们不约而同地欢呼起来，热烈的掌声响起。我想：他们肯定经过长时间的刻苦训练才有今天的成绩，真是"台上一分钟，台下十年功"。

接下来表演的是水上芭蕾，几个美丽的女孩儿随着动听的乐曲在水中翩翩起舞，她们舞姿优美，大家都看得入了迷。不一会儿，几个小丑摇摇摆摆地走出来，他们带着一些有趣的玩意跑上平台，也要表演高空跳水，我们都觉得很有创意。小丑们有的骑着摇摆车跳下去，有的骑着弹弹球往下跳，还有的在跳板上弹下去，逗得大家哈哈大笑！

最后，主角终于出场了——海豚和海豹，它们一摇一摆地走上台，顽皮地和我们打招呼。它们既可爱又聪明，还会做二十以内的计算。你看，工作人员给它们出了一道五加一的算式给它做，只见它的尾巴在水里拍了六下，表示得数是六，它真的会算出得数呢，真是太棒了！

059

表演结束后，我们再去玩机动游戏，最有意思的是坐着火车游览故事城。沿途我们看到了读多著名的童话故事和寓言故事的木偶，有我读过的《格林童话》《安徒生童话》等等。这一趟奇妙的文学之旅，令我更加喜爱阅读。

丰富的春游活动就要结束，我有些不舍：快乐的时光总是这样短暂，要是能让时间停止该多好啊！

游沙滩公园

明　睿

秋高气爽，凉风习习，正是出游的好日子。又听说农林大学旁有新铺成的沙滩公园，便带着好奇心出发了。

没过多久，我就来到了公园的门前。眼前的美景让我大为赞叹：这一大簇的鲜花，真美！黄的、紫的、红的。朵朵艳丽，五彩斑斓；再看，横着种、竖着种、斜着种，纵横交织，眼花缭乱。

穿梭在通往沙滩的小径上，伴着缤纷的鲜花和清新的空气，令人神清气爽。同时也不禁想：沙滩区会不会更让我大开眼界呢？再看眼前的小路，似乎没了，若隐若现。当我疑惑时，又一个转弯，又一片沙滩，哇！真热闹！阳光拥抱着大地，而大地又沐浴着阳光。欢笑声、嬉笑声，不断地涌动，人流如织。

我也禁不住欢呼起来，一会儿用小手堆座小沙山，一会儿又挖个大坑，把自己胖乎乎的小脚丫埋到沙里，再拍实，就像栽下小树苗一样，然后幼稚地叫："快看呀！快看呀！那沙子成了我的鞋儿！"边说还边"咯咯咯"地笑，逗得周围的人都大笑起来。

过了沙滩，一片柳树林映入我的眼帘。那细长柔软的柳枝，随风摇曳着。婀娜舞姿，是那么的美，那么的自然，那么的依依多情呀！

沙滩公园，有一种难以描述的美。它美在花海，美在沙滩，美在柳林，美在自然。还有一种难以描述的爽。爽在沁人心脾的花香，爽在尽情玩耍的乐。这感觉，令我难忘终生。

社会实践杂记

吴敏泓

要去社会实践了，这可是我的第一次社会实践！到了基地，我瞬间变身成好奇宝宝……

教　官

我们的教官姓秦，是个女的，不凶哦！她有着黑黑的皮肤，大大的眼睛，可能是职业的缘故，需要长期在太阳下晒，使她的脸上长了些在我看来是有点儿可爱的雀斑。我们刚到基地，她就笑盈盈地走过来迎接。很快，我们之间变得热络起来。

后来，我才了解她是个连长，而其他教官都还只是排长，我对她的尊敬又多了几分。

秦教官很温柔，别的教官在晚上查房时都凶巴巴地大喊大叫，而我们的教官却祝我们做个好梦。同样是教官，差别如此之大——我们真幸运！

冷　热

中午，室外被太阳烘烤着。而我们的宿舍内嘛……呵呵，像开了空调似的凉快。我们坐在床上打牌、玩游戏、吃零食……那氛围犹如外面的热浪一样。

可是基地的晚上好冷！不过这可难不倒103女生宿舍里拥有最强大脑的我们——裹着毛巾被，打着手电筒，"叼"着零食，肆无忌惮地在三更半夜里谈天说地，又唱又跳，又喊又叫，疯狂开心。虽然白天训练了一天，可一点儿也不觉得累。

起　床

早上，我是被疼醒的。睡在我下铺的思晗像拉老式门铃似的，拉着我那从上下床间隙中掉下去的一撮头发。"谁拉我头发！"我疼得大叫。思晗不好意思地嘿嘿笑，我提醒了她，翻了个身，想继续睡。说时迟那时快——"哔……哔哔"，起床号吹响了，我只好依依不舍地离开被窝，起床了。

早　餐

吃早饭喽！不知谁一声吆喝，我们欢呼雀跃直奔食堂。到了食堂我们发现早餐有粥，有馒头，有小菜，还有蛋，好丰盛的菜品呀！可不看不知道，一看吓一跳。那粥是用十碗的水放了十粒的米煮成的吧，菜里居然有虫虫似的小纸，这怎么下肚呀？大家顿时没了胃口。于是聪明的我们，对温柔的教官发起语言攻势，磨烂了嘴皮，终于获批回宿舍吃自带的泡面。耶！又是一阵欢呼，一路飞奔，回到宿舍，一边吃着香喷喷的泡面，一边聊天说笑，这早餐的感觉棒棒哒！

包 饺 子

"不要嘛，我要包传统的""你去擀皮吧""这馅儿干净吗"……面对着面皮和韭菜肉馅儿，大家七嘴八舌地议论：材料的安全问题，包饺子的秘诀，包什么款式的饺子等等。经过漫长的讨论，我们终于分工完毕——本人和安妮包创意饺子；林玥、金虹、卓娅包传统饺子；思晗和卿云负责擀皮；佳玥当运输员把包好的饺子端去煮……过了好久好久，我们吃着卖相极差但热乎乎的饺子，心里各想着各的心事，感觉都挺开心的！

转眼三天过去，我们要回家了。或许是因为早已把教官看成自己的亲人了吧，我们竟然舍不得她了。回想三天来的点点滴滴，我们一起欢笑，一起尖叫，一起狂欢，一起训练。哦，亲爱的教官，有趣的社会实践，下次再见了……

063

朗 香 随 笔

飞 蠡

一列只有两节车厢的区间列车缓缓地停靠在了朗香车站。一分钟后，火车呼啸而去，只留下我们和另外几名游客在简陋的站台上。这个法国东部小镇朗香，虽然并不是我们旅行中的唯一目的地，但绝对是最不起眼的那个。

荒草丛生的砂石路边竖着一块指路牌，上面写着法文"朗香教堂"。这座由著名建筑大师勒·柯布西耶设计的教堂虽然在行外人士中间并不出名，但建筑学出身的父亲却极其迫切地盼望来此"朝圣"。在旅途中早已看腻一成不变的教堂——高耸的尖顶、繁复的雕花、彩绘的窗棂的我和母亲也只好顺着父亲的性子去了。

爬上一座小山，远远被森林掩映的朗香教堂突然出现在眼前。顿时，我脑海里只剩下了一个想法：原来教堂还可以是这样的！的确，教堂由奇异的、不规则的、弯曲的、倾斜的、"毫无章法"的墙体和粮仓似的祈祷室高塔楼、独具匠心的排水系统和向上卷曲的帆形屋顶所组成构建在一起。粗糙而又厚实的白色墙面上开着些许镶嵌着各色玻璃的矩形窗户，从背面的小门走进同样有着弧形墙面的室内，阳光从窗户中透下来射到圣母像上，通过彩色玻璃精妙无误的反射，恰到好处地在木地板上形成了一道彩虹。随着日流影移，彩虹的位置也跟着变化。我们走在教堂里，感受宗教庄严、肃穆而又神秘的气氛；又走上教堂外草地上的小金字塔，眺望朗香教堂，还有远方青翠的孚日山脉。

从未有过如此的感觉，这样一个我原本不抱太大希望的地方，竟然有着绝美的风景。随之而来的是我的疑问：为什么大师柯布西耶会把原本高高在上的宗教载体——教堂给建成这个怪模样？神父、修女们和信徒们的圣歌声打断了我的沉思：空灵而又神秘的歌声响彻教堂，教堂里的人们不论是否信教，都可以感受到歌声中力与美的力量。在悠扬的歌声中，灵魂被彻底洗净，不论身体还是心灵，都仿佛得到了重生。我也找到了属于我的答案：宗教的宗旨都应是"救赎众生"，一个简简单单的目标，无须像许多教堂那样复杂而烦琐，甚至尊卑等级森严，这样就偏离了教堂原本的意义——传道。而大师的立意，则是把教堂设计为一个"声学器件"，象征着"人与上帝沟通的渠道"。一个别开生面的立意，却是简洁而富有深意和魅力的。

重新走出教堂，我仍然对它有着怪诞的感觉，也许大多数人第一次看到朗香教堂都会有这种感觉吧。作为旅程中不抱太大希望的一站，也许，朗香教堂最美的地方就在于它设计所带来的怪诞——违反了美学和理性的怪诞。它，不，它们不再是普通的建筑，而是打破了刻板印象的建筑，和设计他们的大师们一样，跳脱出了死气沉沉的规则拘束，超脱出了常规的设计思路，返璞归真。而在朗香教堂身上，它的美不仅仅在于建筑上的美，还在于它对人们心灵双重的震撼。

朗香教堂那看似沉重的结构下，蕴藏着巨大的、摄人心魄的力量。它是柯布西耶最重要的作品之一，是其设计风格转变的标志。他随手推开一扇门，却发现了一个崭新的世界。我们虽不是大师，但生活依然有着无限的可能。

065

古色古香游古镇

林可思

今年暑假，我专门去拜访了那历史悠久、千年不老的嵩口古镇。记得小时候来过一回，但对它的印象却不是很深。

从永泰县城开车进入嵩口古镇，高高的石牌坊跨立在马路之上，第一眼的印象便是坚不可摧。就像这古镇流传了多年的历史一样，深深烙印在了后人的心中。

步入古镇，明媚的阳光，流畅的水声，嗯……再加上空气中一抹沁人心脾的芳香。踏上被岁月打磨得光滑圆润的鹅卵石小路，向守候着古镇多年的榕树爷爷问一声好，就看到了矗立在大樟溪旁的第一个景点——"天后宫"。

一层层石阶，飞檐翘壁、白墙黛瓦。"天后宫"几个大字映入眼帘。而门前的那两行"孤山迎面梅李浮香添秀色，樟水临门楼台映碧纳清风"的对联更是彰显了它的魅力。

宫内竖起了一对青石廊柱，柱子上的精雕盘龙，既大气又美观。接着，天后现身——身着描龙绣凤的霞帔，头戴珠光宝气的凤冠；黛眉如弯月，慈目如流星，脸庞如初升朝暾，显得落落大方，端庄秀美。很难想象，眼前那些华丽的一切都是出自当年祖先的双手。拜过天后娘娘，我们一行人离开了大殿。

又踏上小路，走进了一条狭窄的小巷。门墙斑驳，屋瓦破落。细长的宋体字上仿佛还留着20世纪的气息。我们来到了第二个景点——嵩口古镇民俗博物馆。博物馆并不大，门面也并不是特别的气派。据说这儿原先是一户住宅，后来才改为博物馆的。仔细看看院内的花架，还悠闲地躺在角落呢，馆内的屋瓦门梁也都在细细地说着他们的故事。

院内的花园里，有些年纪的古井并不深，却还能神奇地抽出水。浑浊的井水倒映出时代的沧桑。马棚里的马槽如今却换了用处：爬满鲜绿苔藓的槽内有了游客抛入的许愿硬币。看来漫长的时光确实有些魔力，能给人意想不到的惊喜。

再望向那出淤泥而不染的荷花池，顺着流动的水走去，竟通向了院子外的那条小溪。

泛着小小水花的溪旁，依旧是郁郁葱葱的绿树，耳边时不时传来阵阵清脆的鸟鸣。而院中那满是荷花的池塘里，倒映着朴素陈旧的木檐，在淡雅高洁的荷花中竟显得精致又华丽。正是那"绿树阴浓夏日

长，楼台倒影入池塘。"

接着，进入了楼内。走上木制的台阶，一间屋子中都是旧时的屋内布局与生活用品，就像穿越了一般。

屋外陈列着众多旧时的民俗用具与时代印记：草鞋、织布机、斗笠上存留着勤劳的美德；留声机、胶卷、唱片印照着民间的优雅；铜钱、牛角梳、首饰盒记载了古朴的生活……

带着万分感激离开小院，来到了今天的最后一个景点：鹤形巷道。从巷道旁的客栈往下看，一只仙鹤活灵活现，极具特色。仙鹤在中国传统文化中有长寿和吉祥之意，房屋主人应该是希望鹤的寓意能让自己的家业兴旺发达。

于是，今天的古镇之旅就在仙鹤的祝福中结束了。

只能说，嵩口古镇是古朴的，它千百年凝聚的古韵永远也不会散。在这里，人们可以褪去华丽的外表，静静地坐下，细细地品味祖先们留下的印记。

而这每一间紧闭房门的古宅中，一定都隐藏着一部家族奋斗史，向我们讲述着遥远农耕时代的不老故事。我们会将这故事一直听下去，一直说下去。就像那明清时小路上的鹅卵石一般，不也是静静地听着村民们踩过的漫长时光吗？

乡村的夜晚

林凌可

听爸爸说，乡村的夜晚是寂静的，偶尔传来一声蟋蟀的叫声，就打破了夜的静。

有时，天空中有几只萤火虫在随意地飞舞，时而高飞，时而低行；有时，它们还两只一伙跳起了交错的舞蹈。孩子们看到萤火虫，就会追逐它们，直到把它们捉到手心里，让它们在手里发出绿光，映亮自己的手掌。

听爸爸说，乡村的夜晚比城市的夜晚更早到来，大人们在夜幕降临时就会入眠。一是因为一天的劳作，日落而息；二是因为晚上天太黑了，不方便户外做事。大家都是早睡早起。

夕阳西下时，爷爷就荷锄归家，奶奶就忙着收拾家务，赶着鸡鸭回笼。这时，家家户户的烟囱就会升起缕缕炊烟。

听爸爸说，乡村的夜晚有着各种细微的声音。有的是鸟鸣声，有的是蛙叫声，有的是犬吠声，有的是水流声，还有的是孩子的啼哭声。这些声音此起彼伏，时断时续，从不同的角落发出，片刻又归于沉寂。

听爸爸说，乡村的夜晚是那么的寂静，即使有些自然的声响，也是要衬托乡村的和谐与安宁。

我好想跟着爸爸回老家，在乡村待一个寂静的夜晚。

五凤山麓·细雨·鸟鸣

琼　镜

　　朝阳映射下的五凤山，清新，潮湿。似有似无的薄雾，笼罩着懵懂的山。一声婉转空灵的鸟鸣，划破初晨的天空；优美修长的身姿，绕着翠绿的林。

　　踏上舞美房旁的斜坡路，混合着昨夜雨后泥土的芳香，朝阳的曙光的微风拂面而来。初秋，总该有些清晨的清凉。不，福州是没有秋天的，只不过是清晨的湿凉空气给人带来秋天的错觉。不知是谁种下的郁金香，与清晨阳光里我们的影子，相映成趣。晨风抑制着想要蓬勃发展的花草，显得它们添了一分宁静之态。一列挺拔的桂树，几株生长正旺盛的柠檬桉，轻轻和着这风摇曳，静静凝望着金色的教学楼。五凤山的木，凄婉而幽美。

　　几排瓦房围绕着舞美房一旁的排球场。阳光，给球网打下了投影；各式各样的鸟儿在寻觅早起的虫子。球场不远处的五凤山，静谧而安详，惬意享受着一天中难得的宁静。一只林雕从山顶上的岩石上腾空飞起，展开傲人的双翅，绕山盘旋。尾上的白横斑显得格外显眼，凌厉的眼神划开清晨的平和。一个威风凛凛的侧身滑翔，雄鹰飞入了满目苍翠中。五凤山的生命，矫健而充满活力。

　　红腹松鼠在树间跳跃着，嬉闹着，惹得树梢上枝条绿叶沙沙作

每站风景如旧

响。五彩斑斓的蜂蝶，在田中茂盛的植株里纷飞。沿着斜坡上去，树愈来愈多，渐渐地汇成一片森林，在时间的流逝中逐渐脱去了朦胧与神秘。一道细渠沿着坡流淌，这便是五凤山一派明丽而充满生机的模样。空气中弥漫着淡淡的水雾捧着每个人的脸，秋雨细细地，疏疏落落地下了起来，敲击着娇艳的山花，枝干与茂盛的叶，和谐动听。在草下不为人知的微观世界看起来，这便是狂风暴雨了。垂斜的枝条上，蚂蚁也许在躲避雨珠的"袭击"；灰蒙蒙的山谷中，粉蝶也在奋力寻找避灾点。欢悦的松鼠收了心，慌乱之中跳回树洞。五凤山麓，由于秋天细雨的光临，又恢复了静寂。那雨密密地斜织在房瓦上，树梢间，山中漫步的人们并不受任何影响。原先苍翠葱茏的树林，在雨的滋润下，多了一分朦胧凄清的美；生机盎然的菜园，在秋风的吹拂中，更添明媚灿烂。五凤山的秋雨，喜悦而充满活力。

稀落的细雨又伴随着琅琅书声停下了脚步。清脆的鸟鸣，交织成和谐优美的乐章。"蝉噪林愈静，鸟鸣山更幽。"此间，红嘴蓝鹊拖着修长的尾羽飞过连绵的山，接连不断；睁着惺忪睡眼的鹊鸲、山雀、丝光椋鸟，藏匿于林间泥地或是森林的树梢上，纷纷拉长了声音啁啾鸣叫，鸣声嘤嘤；白鹡鸰在山下小操场边的草地上蹦跳着，一会儿在空中按波浪形飞行。树麻雀纷杂地嚷着，不知被什么声音惊得，"噌"的一声，全群雀儿从停歇的枯树上空飞起，惊觉地高亢叫起。群鸟共同唱响秋日五凤山的交响曲，何等优哉，何等迤逦！

一天的时光转瞬即逝，残阳映照下的五凤山，昏黄，宁静。怡人温暖的余晖，笼盖着余兴未尽的山。鸟雀归巢，时而传来一两声慵懒的鸣声。漫步山道，来听五凤山麓的细雨，鸟鸣。

生活不只有学习

北　辰

当我放下手中的笔，关掉面前的台灯，走出房间，看着墙边的钢琴，铺着的国画，还有那旅行的照片时，我坚信，即使有学习的重负压着，生活，也不只有学习。

铺开雪白的宣纸，挑出一支毛笔，轻沾些许清水。笔尖洇开墨色，调整好水分，下笔。雪白的纸上晕开些墨色，苍劲有力的枝干呈现在画面上。放下笔，轻呼一口气，心中暗喜：功底还是在的。

071

二年级我就开始学习国画，中途因为种种原因，停止了学习。这次暑假，重回画室，依旧是熟悉的样子。暑假期间，一周四个小时，我在画室中放松，享受，忘记了学习的负担。生活不只有学习，还有挥笔时的畅快。

悦耳的旋律钻进耳朵，清脆有力的琴声暂时消除了我的疲劳。心想，一定是哪个人在陶醉地弹着琴。我也打开了琴盖，坐在琴前。眼前的这台钢琴已陪伴我度过了八个年头，熟悉的五线谱跃入眼帘。霎时间，往昔的记忆被唤醒，一首又一首熟悉的曲子在耳边响起，我不由自主地弹起从前的曲子。黑白的琴键奏出了五颜六色的旋律。虽然如今不再有固定的练琴时间，但在课余，我依旧常常弹起琴来。赋予每首曲子自己的色彩，享受旋律淌出的那一刻时，我明白了：生活不只有学习，还有对音乐的热爱。

"来一场说走就走的旅行吧！"在我的脑海中，总是有着这个想法。不过旅行是实现了，"说走就走"却变成了"蓄谋已久"。在寒暑假，能放下手中的作业和笔，拖起行李箱，踏上旅程的步伐是再好不过了。哈尔滨，新疆，西北，四川，台湾，香港……每个城市，每个地区都有自己的特色，与众不同的风景。上个月，我就踏上了去日本的旅程。别具一格的饮食文化令我流连忘返，又或是四川的美景——九寨沟，蓝天碧水，绿树红花，水清澈得透亮，让人望见水底的质感，蕴含着世间万物。山水间满是宁静。感受这风吹过的温暖，美景让我陶醉。

旅行中的惊喜也时常让我感动。那一天，我们打算去参观日本最出名的景点之一——富士山，但可惜在上山的路上便起了大雾，能见度极低。不出意外，到了山上，我们连富士山的影子都没见着。浓雾与云层更给富士山增添了一层神秘的色彩。心中渐起失望和无奈，我们只好等着上车的时间离开。无奈之际，只好去旁边的商店买一张明信片作纪念。走出门外，抬头望向富士山的方向，竟然云消雾散，富士山揭开了神秘的面纱，露出了山尖！我欣喜若狂，惊喜真是来得突然。天边现出晚霞，朱红和橘色交织在一起，太阳也绽放出了无限光彩。坐在下山回城的车上，心中还满是惊喜。生活中不只有学习，还有旅行中的享受和惊喜。

走进房间，拿起笔，思绪翻涌，原来生活不只有学习，还有对兴趣的追求。

画　猫

苏明锐

　　翻开画夹，一幅幅流光溢彩的图画，吸引住了我。手翻到这一页，不禁停住，这是一只小巧玲珑的猫，"跳跃"在纸上。我眼前一亮，就画这幅吧。

　　准备好削尖的画笔和纸，便开始了。我用笔轻轻地构出个大概，就直入猫的眼睛。一双清澈的猫眼睛，多么像花纹驳杂的黄宝石，瞳孔中带着点点灵气！我工笔细描，仔细地勾勒出眼睛的轮廓，然后细致地把高光描出来，最后再一丝不苟地上颜色。趁着这个劲儿，再把鼻子、耳朵、嘴巴都描一遍，凭着感觉用彩笔细细、均匀地涂，使神情恰到好处。

　　毛的部分，用铅笔由里向外，软软蓬松的毛质感勾画脸部。一看，不耐烦的笔触正中这慵懒的猫的萌点。可我画意全无。

　　倦了，一幅生动的猫画变成了一个耷拉着脑袋的猫脸。

　　"绘"意无穷，妙趣横生。

心随书法

游来为乐

　　从第一次提笔触碰书法到现在初步完成了篆、隶、楷、行书的学习，已经六年多了。我从不了解到认识、喜欢、欣赏书法，这一路走得并不顺利但收获满满。

　　我的书法启蒙老师是马启雄老师，记得第一次看马老师在毛边纸上用毛笔写横写竖时，感觉特别新奇，觉得老师手中的笔就像一个黑色的小精灵在纸上跳着美妙的芭蕾舞。而自己握笔时，写出的字就好像一只只正在蠕动的小虫，歪曲又难看。经过一年多的练习，"小虫"渐渐地变得越来越工整了。

　　之后，我遇见了另一位恩师钝锈老师，他教我读帖，临帖。记得，当初钝老师向我展现号称天下第二行书——《祭侄稿》的仿真品时，我的第一反应是：哇，涂改好多，一点儿也不工整，不好看，老师的眼光有问题等等。当钝老师娓娓道来颜真卿书写这幅绝世作品的心境、其间每个字的粗细变化及同字异构后，才渐渐领悟其间的疏密匀豁、收放伸缩，这样一幅涂涂改改的行草，读起来就像一篇恢宏的交响乐章让人心醉。钝老师还带我赏析了诸多珍贵的碑、帖、拓片，让我知道了欣赏书法作品如同读一篇文章，要细细体会作者的情感、认真观察其间的细微变化。经过几年的学习，我不仅是书写的技艺有所长进，还渐渐提高了与古人交流的眼光，能够感受一幅书法作品的雅俗之处。

现在我在临碑帖时，都会先认真读一遍帖，仔细观察后再开始动笔书写。临完后，再仔细对照字帖，寻找不足的地方重点练习，我很享受这样书写的过程，它将永远是我人生中的一缕幽香。

江山易改，爱好难移

薛 莹

俗话说得好："江山易改，本性难移。"江山这种东西我没有，目前也没有什么不好的本性，不过爱好倒有一个怎么也改不掉，那就是——爱吃。

尽管爸爸每天都要千篇一律地嘱咐我，千万不要在八点之后吃点心，容易胖。但我总是禁不住美食的诱惑。

八点三十分整，我照例偷偷去冰箱拿点心吃，却不想一个不走运，迎面撞上了爸爸。爸爸见我的手还放在冰箱上，原本阳光明媚的脸上立刻上演晴转暴雨："八点早就过了，你还敢吃点心，不怕发胖吗？"我闻声便朝他做了个鬼脸，大喊道："胖什么胖啊，妈妈说我现在是长身体的时候，要多吃东西！"说完我不顾身后爸爸阴沉的脸色拔腿就跑。

过了半个小时，我终是忍不住美食的诱惑，悄悄地从房间中探出头，左顾右盼了一阵，确定终极大反派——爸爸和妈妈不在后才敢偷偷地溜出门来，一路踮起脚尖小跑到了心心念念的美食圣地——冰箱前。轻轻地打开了冰箱的门，小心翼翼地拿出了我久违的点心，然后关上冰箱的门，再次踮起脚尖走过爸妈的房间，装作自己只是路过的样子，一超过爸妈的视线就飞一样回到自己的房间。进了门，我先把门"砰"的一声关上，用最快的速度反锁，这才把怦怦跳的心放了下来，坐下心安理得享受我辛苦得来的点心。这可真是苦尽甘来啊！

虽然在我坚持不懈的努力下，我"荣幸"地发胖了，但我依旧没有放弃我执着的吃货之路。

我和同学在托管班上绞尽脑汁地背着宛如天书的英语，同学忽然一时兴起和我打起赌来——要是我能在她之前背完这篇英语课文，就请客吃巧克力。听了这话，我不禁眼前一亮，可天下哪有免费的午餐呢？不会是在坑我吧？更何况她还是英语学霸，跟她一比我简直弱爆了。但为了巧克力我还是硬着头皮应了这个赌约。在接下来的十几分钟里，我使尽了浑身解数背课文，最后总算是连蒙带猜地背完了，正当我迫不及待向同学索要战利品的时候，她却面带微笑地一连找出N个错误，结果不言而喻，我只能看着她嘚瑟地在我面前吃着巧克力，而我只能在瑟瑟的寒风中喝水解闷。

吃——其实有无穷快乐，它让我感觉到口福和心悦。为了这快乐，我不惧肥胖，智谋百出。这就是我难以改变的本性，我相信它将伴随我一生。

特殊的快乐

　　背书为何不能成为一种享受？那些闻"背"色变的人，比起那些轻松背书、过目难忘或不忘的人，缺的也许是方法，更是一种对"背"这个领域充满快乐的心的感受，也就是少了那心态罢了。事实上，这些特殊的快乐到处都是！

看，我们都是木头人

兰黛尔

　　老师组织同学们一起玩 "我们都是木头人" 的游戏，游戏的规则是：一些同学念着儿歌，一些同学做动作，儿歌念完后就不许动了。听起来很容易，我们兴致勃勃地开始了。

　　我们被分成A组和B组。我是B组的，先由A组同学开始做动作。我和大家一起念儿歌，儿歌念完了，A组成员做出了他们能想到的很多很有创意的动作：有的双手举起伸向右前方，摆了个酷酷的超人姿势；有的拿着手枪玩真人射击游戏；有的在看书；还有的模仿大本钟的样子，双眼成了对眼。我兴致勃勃，乐不可支地看着，天啊！我的目光落到了一位正在表演喝水的同学，只见她正潇洒地托着水壶，轻巧地坐在桌子上，悠闲地喝着水。我不禁想：原来这么简单的一件事，也可以这么有创意，真是敢想就会红啊！

　　轮到B组了，我想来想去，觉得可以用报纸包成一个丸子 "喂" 我的队友——金虹，而金虹也很配合我，只见她张大嘴，做出 "吃" 的动作，右手还在嘴边，五指张开，显得惊讶。有这样一位好队友的结果就是我们组大获成功，还被老师评为 "丸子组合" 呢！

　　这游戏很好玩，我也得到了很多启发，很开心。我想，快乐其实很简单，尽情投入就好！

背书乐趣多

竹　子

　　"丁零零⋯⋯"随下课铃声响起，班上因老师的一句话哀鸿遍野——今晚要背课后古诗与无聊的赏析了。

　　我自然也苦着张脸。晚上，只得心情沉重看着大段大段的赏析，背这么枯燥的古诗赏析，何时是个头？无法，只得开背。

　　长篇的句段，还是"切"成小部分，慢慢"吃"掉它为好，心中思索着，嘴上慢慢译读，声音有力回响在房间中，我沉醉于此。窗外月色逐开黑暗，时针一点点挑去光阴，忽然惊醒，我背下了那长达半页的赏析。在与古诗文磨合中，在一次次重来中，我真的背下来了？！这是三天的量！一种抢跑赶超他们的成就感涌上心头，背书也不是那么乏味嘛！我有些感受到了它的快乐。

　　"昨天的背书作业，有谁先背下来了吗？"全班安静之时，我有些胆怯和兴奋地举手。缓缓站起，熟悉的字句从我口中流畅地溜出，感受到四面八方投射过来羡慕与吃惊的目光，我心中愉悦极了。这种快乐在老师露出满意与欣赏的表情，向大家表扬我之后达到顶峰，一下子爆开在心中，自豪感油然而生。我意识到了背书的妙处——它让你更熟练掌握一项知识或技能。背书也可以很有趣呢！

　　从那以后，我就迷上了背语文。美妙的诗句，精彩的文段让我的作文更上一层楼；巧妙的知识点、赏析更让我默写成绩节节高，这怎么不算一种乐趣呢？

平时翻开书，对仗工整的诗句让人流连，文言文中那些精妙绝伦的对偶更让人动容，文章中的美好精粹让人忘返。现在，背书对我不再是种负担，那些背下的知识，不是一种记忆的累赘，它们是经受时间打磨的宝石，是记忆深处别样的宝藏啊！因为这些，背书何尝不为乐趣？

背书为何不能成为一种享受？那些闻"背"色变的人，比起那些轻松背书，过目难忘或不忘的人，缺的也许是方法，更是一种对"背"这个领域充满快乐的心的感受，也就是少了那心态罢了。

背书，乐趣多多！

甜滋滋，美滋滋

林恩熙

"滴答，滴答"，时间一分一秒地流逝，我眼睛紧盯着窗外，不时瞄一下时钟，内心的平静慢慢转变成了焦虑。怎么还没有回来啊！

今天是个特殊的日子——国庆节。早上妈妈拿了一个红彤彤的大蛋糕回来，我看着口水就已经"飞流直下三千尺了"。那时我心里美滋滋的，脑海中不由联想到晚上一家人一起吃着这个喜庆蛋糕的快乐情景，我小心翼翼地把蛋糕放入冰箱冷藏，期待着晚饭的到来。

下午妈妈又出去了。等到晚饭时，我得到了一个"令人震惊"的消息——妈妈晚上加班，不回来吃饭了。于是晚饭后，我便拿了一本书坐在餐桌旁静静地等待。

"嘀嘀"，只要我一听到楼下有人在按喇叭，我便会兴高采烈地以迅雷不及掩耳之速度奔到阳台。然而，每一次我都是垂头丧气地回来。手中最喜欢的书我不论怎么样也看不进去。

九点，十点，十一点，十一点十分……冰箱里的蛋糕已经被我拿放了无数次，每一次都等到蛋糕快化时才又放回去。我心急如焚，放下了手中的书，从客厅踱到房间，再从房间踱到客厅。

快到十二点，也就是国庆节即将过了，我趴在桌子上迷迷糊糊快睡着时，门"咔嗒"一声响了，我顿时清醒了，睡意全无。在确定了是妈妈回来后，迅速把蛋糕从冰箱里拿出来，轻轻地放到餐桌上，把爸爸妈妈拉到餐桌旁坐下。

把蛋糕上的三根蜡烛点燃，红色的火光映红了我们一家三口的三张脸，每个人在这一刻都无比认真、投入。我慢慢地闭上眼睛，双手抱拳，放在胸前，许下愿望：我希望时间可以永远停在这一刻。

"滴答，滴答，叮！"睁开眼，刚刚吹完蜡烛，十二点的钟声也随之响起，我们便开始切蛋糕，分到三个盘子中，每个人拿起属于自己的那一份，相视一笑。

细细品尝手中的蛋糕，甜滋滋，美滋滋。甜到了心坎，美到了心中。

特殊的快乐

隐藏在坚持中的快乐

行 索

漫漫成长之路，总会有些成功看来遥不可及。这时，你万不能放弃努力，因为成功也许就隐藏在你下一秒的坚持之中。

那年，我五岁。一个夏天的夜晚，耳畔时常响着蝉的歌声。爷爷躺在阳台上的藤椅乘凉。我窝在他怀中，看见他哀伤的眼眸望着对面山上的竹林，嘴里念念有词："咬定青山不放松，立根原在破岩中。千磨万击还坚劲，任尔东西南北风啊！这竹子坚毅生长，可惜喽，要砍下做什么步行道呢。"爷爷的话语中透出几丝惋惜。而我，却被那首诗吸引——竹子，真的如此厉害，如此的坚毅吗？

那年，我九岁。父亲带我去登黄山，才爬到半山腰，我来之前的雄心壮志便抛向到了脑后。取而代之的是望着山顶心生畏惧的心情，我心中打起了退堂鼓。父亲好像看透了我心思，向山崖一指，"看！"我的目光被吸引过去。崖壁的石缝间，艰难地探出了一株小竹笋，它显得那样瘦弱，而它身边，是一株挨着一株的竹子。它们真似咬在山崖之中般，狂风吹过时，竟然一点儿也不摇动。我似乎看见了长大的竹笋，也迎着风立在那岩石之中。我再次想起了《竹石》这首诗——咬定青山不放松，想着忽然有了决心一定要登上山顶。坚持，努力，不放松，坚持终于让我攀上了山顶。

一览山下的雄壮风景，我记住了这种咬牙坚持的感觉，也记住了

坚持后得来成功时的成就感。

去年，我十一岁。面前是七十六分的考卷和板着脸的父亲。父亲不说话，我也低着头，不说话。我等着父亲的责骂，同时心中也冒出了要放弃学习的念头。父亲开口说话了，不过用的是阴沉的语气。

"你也认为这次考得不好吧。但人不怕失败，就怕被挫折打败。你如果有心往前走的话，一定就可以接近成功。别忘了前年黄山上迎风生长的竹子和咬牙坚持到最后登上山顶的你。"

他的话像警钟，"噔——噔——"，响声与心中的鼓声搏斗着。你一声，我一言。最后，还是钟声唤醒了我。我的心中有人在朗诵。他在朗诵什么——咬定青山不放松，立根原在破岩中。千磨万击还坚劲，任尔东西南北风。《竹石》宛如魔笛，令我起了斗志。从此，灯光下，我总是比以前多做一份练习，多背一篇课文，多努力一点儿。

终于，得来了一张九十分的卷子和一张微笑的脸。两年前的成就感再次袭来，仔细品味，却多了一番韵味——努力与坚持之味。

现在，我回想着每一次坚持之后得到的成功，想起《竹石》感慨万千。面对看似遥不可及的成功，我不再惧怕，因为我坚信：成功与快乐隐藏在坚持与努力之中！

树叶的故乡

陈曦兮

我是一片树叶，当春天来临时，我便降临到这个世界，与我的兄弟姐妹们给这个世界带来勃勃生机。

当我第一次睁开眼睛，大树母亲送来了问候，地上的几簇小草朝我眨了眨眼，微风姐姐轻拂过我的脸庞，像是在感叹生命的奇妙，身旁的兄弟姐妹们嘻嘻哈哈地打着招呼，我也晃晃身子，轻声说："你好。"大家都在打量这个世界，好奇地四处张望。

过段时间，寒意渐渐消散，一切变得温暖起来，我和身边的姐妹们早已打成一片，常在一起聊天玩耍。我们不断地汲取养分，飞快长大。和我一起变化的，还有这个世界。青草如绿色的地毯铺满了整片土地，各色花朵争先开放，姹紫嫣红，美不胜收，归巢的鸟儿排着整齐的队伍缓缓飞过。大树母亲与其他大树纷纷抽出新芽，兄弟姐妹越来越多。有时还会有可爱的孩子在草地上玩耍。短短几天，我眼中的世界完全变了样。

天气变得更暖和了，暖和得过了头，称得上是炎热了。大树母亲说，夏天来了。我没有长在树冠，初春时有些冷，此时却并没有很热。在烈日下，一切都有些无精打采，这时，我最喜欢的，就是和那些啃着西瓜的孩子们一起，听在树下乘凉的老奶奶老爷爷们讲他们过去的故事。有时也讲些别的，"花木兰""女娲造人"之类的。他们有时讲得十分激动，让树枝都颤抖。我却听得津津有味，沉醉其中。

一阵阵秋风终于送走了炎热的夏天，我还没来得及高兴，就发觉身边的哥哥姐姐相继逝去，跌落枝头。曾经的万紫千红只剩下残花败柳，只有菊花在秋风中摇晃。我的心情一下子复杂起来，有悲伤，有恐惧，有不甘。疯狂地大声呼喊那些逝去的生命，仿佛下一秒他们就会重新出现在枝头。终于有一天，大树母亲深沉地对我说："孩子啊，不要害怕，你落入土壤是注定的啊，你会提供养分，让下一个你在新的春天重生的。"我复杂的心情渐渐消散，因为我闭上眼，隐约察觉大树母亲轻轻松开了我的手。身体变得轻飘飘的，向厚重的土地坠去。然而一阵风却将我带离，我的眼中只剩漫天白雪。

又是一年春天，一片片绿叶仿佛又回到了树上，又是一片生机勃勃。

乡村虫趣

玉　成

青烟缕缕升起，天空干净而湛蓝——典型的乡村模样。这里，就是我的故乡。

那日草草用过早饭，大家开始忙碌。大人们带上锄头和水桶，赶着牛耕地去。几个孩子带着竹编的蝈蝈笼，来到溪边捉蟋蟀。

惊心动魄的挑战开始了。大家分头寻找蟋蟀。在灌木丛后，我们很快就发现了一个小洞，那是蟋蟀的住宅。不一会儿，两只蟋蟀从洞里跳了出来。我们静静地躲在灌木丛后面，观察它们的动静。"嘘，安静，准备！"表哥小声而有力地下达指令。大家一下子鸦雀无声，蓄势待发。只见他一拉草，这是示意我们开始的暗号。说时迟，那时快，我猛地一弓身，跨出灌木丛向前一扑，盖住了两只蟋蟀，我们立刻欢呼雀跃起来。可是，那两个机灵鬼趁我不注意，从我的手指缝里钻出，迅速跳走了。我转过身来，忽然发现两只蟋蟀不见了，大事不妙！我大叫："蟋蟀跑了！大家快追啊！"可蟋蟀早已逃之夭夭。

我们沮丧地坐在大石上，个个垂头丧气，闷闷不乐。欢快的空气，又安静了下来。但一个同伴跳起来喊："大家不要灰心，我们再捉一次！"大家又兴奋起来，开始小声地议论着要再展身手，做好

085

了充分准备。片刻，我们又找到了四只扎堆的蟋蟀，殊不知"黄雀在后"。大家各瞄准一只，屏息凝神地等待时机。我暗暗下了决心：一定能逮到的，不能让它跑了！一打暗号，我们腾空而起，继而又是一片欢乐的笑声。都成功了！我们把手中活蹦乱跳的蟋蟀放进蝈蝈笼子里，好奇而心满意足地看着自己的成果，真是有无限趣味。

天边的红霞，向晚的微风，路边那金黄的波浪，被调皮的晚霞染红了。走在乡间的小路上，听着黄牛"哞哞"嘶鸣，心情是那样舒畅。一切都十分和谐。大家玩累了，大人们也收工了，哼着歌儿往家去。天空中的缕缕炊烟，是一阵急促的晚餐铃。早已饿坏的人们，不禁加快了脚步。夜幕降临，我们伴着蟋蟀演奏的催眠曲，甜甜蜜蜜地进入梦乡。

虽然身在繁华城市，但乡村的淳朴趣味，却是我在城市中得不到的。乡村的虫儿，仍在欢快地鸣叫。乡村的虫趣，就藏在蟋蟀的美妙歌声中，我一辈子也忘不了。

086

家乡的味道

卓国凌

不久前，和同学们一起约去三坊七巷，感受福州味道。

一走近南后街，漫天飞扬的肉燕味儿便钻进我鼻腔，紧接着许多百年老字号映入眼帘，最出名的莫过于"同利肉燕"，真是"观其色可忘忧，闻其香可消愁"。吃一口下去，爽滑，肉质鲜嫩。让人欲罢不能的"鼎鼎肉松"，还有"聚春园"酒家里让佛都忍不住跳墙来尝的"佛跳墙"。这些美味，令"独在异乡为异客"的游子们魂牵梦萦，食山珍海味而无味淡然。

鱼丸肉燕味儿，是家乡之味；那故居之中的人文味儿，也是家乡之味。

"海纳百川，有容乃大"这些我已听了千万遍，于是自己四处走走。林觉民、冰心故居里，我初次认识林觉民，就对他肃然起敬。"少年不望万户侯"七个大字震撼人心；"与妻书"感人至深，我站在放大的文字前，一个字一个字读着，感觉着他的深情。走过堂前，见到冰心的旧照。从小读《寄小读者》长大，冰心给予我的印象就是个温婉又不失刚毅的大姐姐。感受这里的气息，品味这里的味道。林则徐故居去了多少次，我已经记不清了，只记得他"开眼看世界""禁毒第一人"的功绩。每一次去，都能被他的事迹所震撼，耳边还不时传来赞叹的声音。才貌双全的林徽因；全民大校长严复；"陈氏定理"陈景润，他们都是福州的文化代表，是福州的人文味儿。

我和母亲坐在安泰河边，静静地望着涌动的人流，各地口音掺杂在一起，难以辨认到底有没有福州的"正宗福州人"。"依妹，公交站在哪儿？"我们转过头，寻找这纯正福州腔的来源——是一个脸上布满黄斑，眼睛内陷的老太。我们摁着凳子站起来："公交站啊，不远的，我们带你走吧。""谢谢，谢谢啊。"她嘴里念叨着，脸上依旧没有表情，一路上，我们聊着天，说到三坊七巷，她有些激动了，这里是她的家。"以前，只有三坊七巷算作福州，现在，从这一头到那一头公交车都要好久。"穿过一条条巷子，我们专注地听着。"我是回来看小时候的家的，哪知，这变化太大我都认不出来了。"话里几分苦味，似乎在抱怨近年来的景观改造，似乎是历史的痕迹有些消损了。老奶奶走了，我的思考忽的戛然而止，想到我们的举动给福州添的是城市的灵魂——人情味儿，不禁自豪。

在雕梁中穿行，在曲折迂回的小道边驻足，在赏心悦目的荷塘旁眯眼，在浩荡的人流中停而静心。

每一个角落，充满家乡之味，令人心安，令人愉悦，令人幸福。

乡间美声

欧　阳

老家的黄昏是那么美，记起那一年黄昏时大家"抢稻"时的情景。

那天还是上午的时候，晴空万里，艳阳高照，大家都忙着把稻谷铺在大院里，寂静的午后顿时热闹起来——呦……喂……哟……嘿，这是用锄子翻谷子的声音；依……依……呼……这是铺谷子的声音；叮……叮……啪，这是锄头亲吻大地的声音……

这是勤劳的声音，这是自然的赞许，这是乡间的回声……

这是雷声，啊？打雷了，大家顿时从午睡的美梦中"惊醒"，抄起"家伙"，迅速抢收谷子。轰隆隆，轰隆隆，雷公公越唱越响，大家也越干越起劲儿，好不容易收好谷子了，说时迟，那时快，哗啦啦的，天上下起了大雨，那雨，像泼，像倒，天气冷了下来，可一股莫名的暖流却流入我心头……

雨停了，天黑了，我也得睡觉了。当我上床时，不经意间，仿佛听到了雨声打在芭蕉叶上——嘀，嗒，嘀，嗒；也听见花开花落，听见树叶发芽，小苗吐绿，听见风，听见雨，听见夜晚的寂静与温馨……

　　早晨天亮时，我的耳旁回想着鸟鸣，七嘴八舌的鸟儿们热切地争论着早点是吃小虫还是花露；蹦蹦跳跳的小松鼠们愉快地玩闹；清凉解渴的山泉叮咚叮咚地敲响早餐铃。

　　在老家，每天都有太多的美景要看，太多的天籁之音要听，太多的事儿要做。我根本来不及休假。但，可能这就是假期。

　　"咚—咚—咚"生活的钟声敲响了大地上一片生机。用心听吧，你一定能听见蜻蜓点水' 微风拂面的声音……

雨，何时能停

林子微

　　再说起来，是一种欲哭无泪的无力。

　　"十一"长假后的第一天，漫长，忙碌，陌生，眼前明明是熟悉的风景，却依旧是无所适从、心乱如麻。眼看小升初已在不远处向我们招手，突如其来的危机感，紧迫的学习节奏，阴沉沉的压力，像一座座大山，灰蒙蒙地压在我心头。

　　带着一天的烦乱回了家。刚放下书包，时间已经开始不近人情地催促。匆匆地和家人打了招呼，便一头埋进了繁乱的作业中。

　　雨，下一天了吧。

　　桌旁的台灯发出刺眼的、令人烦躁的光芒。寂静的屋子里，只有纸与笔摩擦沙沙作响。困倦的心，像是一台印刷机，急躁而麻木地不停运转着。

夜色降临，漆黑的天空上，只有几点稀落的星光。

这道题，怎么做呢？我机械地思考着，却越发心烦意乱。笔在草稿上打着圆圈，急躁之下，我有些恼怒地扬笔。

突然，门被缓缓地推开。猛地回头，我瞧见了爷爷那刻满皱纹的脸庞。心中有些不快，便又回过头来，拿起笔，继续在草稿纸上涂着，爷爷却又走进来，来到我身旁，轻轻拍了一下我的肩膀。我皱了皱眉，抬眼看了看他。"吃饭了。""哦，知道了。"我含糊地回答道，语气里明显带着不耐烦。爷爷像是不放心，又说道："七点多了，我们都等你呢，快去吃吧！"我越发不耐烦，甚至有点儿恼怒地答道："好啦！""那赶紧去吃呀！怎么坐着不动？"爷爷似乎不罢休。"等一下嘛！不要吵啦！"我又扔了笔，十分恼怒地答道。

爷爷张了张嘴，没说话。他摇了摇头，转过身去，走了出去，脚步声仍是那般不匀称，蹒跚的背影显得更加衰老。门又缓缓地被拉上。

雨，依旧淅淅沥沥地下着。

作业完成得差不多了，心里大概满意了。这才想起吃饭，看了看表，竟将近八点了，便站起来，向餐桌走去。"吃饭了。"奶奶见了我，便从沙发上站了起来，笑着说道。"哦。"我有些疲倦地答道。拿了筷子，坐下。奶奶端出两碗饭，拿了筷子，笑着说："怎么不帮我拿一双呢？"。"奶奶？"我惊讶地问。"你怎么还没吃呢？不饿呀。"奶奶故作轻松笑道。

我猛地回头。

爷爷，正困难地弯着身子，把电视音量调大。

刹那间，我感到一种温暖的疼痛。我的心，像被什么突然击中。既而，一种深深的自责与悲伤从我心底油然而生。

多么令人难过！该是什么样的生活，让我的心，失去了感受温暖的能力？我的心，怎么会如此麻痹？

雨，该停了吧。

你是我最感激的人

鱼 儿

岁月如梭，白驹过隙。红了樱桃，绿了芭蕉。然而无情的岁月淡漠不了的，却是我最感激的人——母亲。

母爱伟岸如山。

记得在小时候，我总会在校园里逗留一会儿。到了回家的时候，天色已暗，太阳西沉。这时你都会来接我，用你的自行车载着我回家。北风如刀割般，冷气会时不时侵袭过来。坐在自行车上，寒风迎面吹来，吹得让你睁不开眼。而你身后的我紧贴着你的背，丝毫不觉寒冷。是您用您的身躯为我遮风挡雨。并不高大的身形，在我眼中伟岸如山。您那坚实的臂弯是我用一生时间寻找和停留的永恒依靠。

母爱温柔似水。

想起那鲜红刺眼的分数，想起父母对我的期望，我的心顿时暗了下来，回到家里，我轻轻地推开了门，慢慢地走进房间，才发现母亲不在，只发现一张母亲给我留下的纸条：我和你爸爸去姥姥家住一晚，厨房里有鸡汤，成绩暂且不提。看完这些我的眼泪不由自主地流了下来，眼前浮现母亲煲汤的情景：她弯下了腰，用勺子仔细翻弄鸡汤，时而加点儿佐料，时而调着火候的大小，时而几根白发从满头青丝中显露出来……有一位柔情似水的母亲，我多么幸运！

特殊的快乐

在漫长的成长之路中，我终于读懂了你：如老牛舐犊般温暖给予着她的儿女，无私奉献着……

我的母亲，你是我最感激的人。

相遇相知让我感动

王　可

古人云："千金易得，知己难求。"生活在现代社会的我们又何尝不是如此。能够拥有真正懂得自己的朋友，绝对是一大幸事。而我，也是一个幸运之人。

"不打不相识"，我和他就是在摩擦碰撞出的火花中认识的。

小时候，学校里流行玩小卡片。比比谁的帅，比比谁的厉害，成了课后的最爱。我们都是不服输的人，棋逢对手必当全力以赴。最后我略胜一筹，从此我们就"杠上"了。我们一路走来，一路"针锋相对"，什么都比。从作业到生活，不管是能力还是人缘，我们都不相上下。现在回想起，心头仍然是暖暖的。

在友谊中，我们都收获了发自内心的快乐，变得十分默契。一个细微的举动，一个眼神，足以让对方明白很多。友情不仅是长久的相识，还是一份交心的相知。

他是我的同桌，上课的时候笔没水了，拿起来在他眼前晃晃，马上就会有一只拿着崭新水笔的手伸到我身前；打完球，他向我摇摇他的水杯，我就拿起自己的杯子给他倒水；我们的默契让我们在任何双人组队比赛中未尝败绩。甚至在一次课上，我因赶着出门而忘记带画笔，他不顾我的劝阻，把笔塞给了我，好像我不要就要跟我断绝关系似的坚决，自己却被老师批评了。他是为了让我不给老师留坏印象啊！只有红热的眼眶能明白我有多么感动！有一位这样的朋友，真是没有什么好抱怨的。虽然嘴上不说，但感动，都在心中慢慢消化。

现在虽然与他天各一方，平时联系少了，但对方的一举一动还是脑海中的经典画面。"君子之交淡如水"或许形容的就是现在的我们。

友谊，是一把伞下的两个身影，是一张课桌上的两双明眸。我庆幸人生路上有他这么一位朋友。感觉难以用言语形容，但却让人十分享受。我们的互帮互助，我们的精神鼓励，我们的无言默契，都让我十分感动。

我 的 母 亲

张敏茨

路不可能一开始就是康庄大道，并且艳阳高照。但如果我的成长道路倾泻进了一束阳光，那一定就是母亲对我的关爱，在我成长的途中闪闪发光。

我从一个小孩成长到少女，一枚枚盛满记忆的脚印都是在您呵护里印下的。录像的画面沙沙地跳跃，往前回溯了十来年的时光。幼小的我走得摇摇晃晃，母亲一脸紧张地跟在后面，笑意情不自禁地流

特殊的快乐

淌。看着看着，母亲笑了，兴奋地絮叨说："你当时路都走不清楚，我就怕你万一摔傻了。"母亲总是这样直来直去，一不小心就把我灼伤了，可我也幸福。

大一点时，我就经常参加跑步比赛了。但母亲依旧会挤出时间来看我的比赛。等我比赛结束时下来，母亲却饱含着一种"分别数载年"的表情来迎接我。"我赢了哦。"有种自己输了的感觉，母亲这用的是什么脸色啊，"怎么了？""没什么。只是看你跑得要死要死的，很感动。感动的要哭了啊！"我一直都是这样拼了命去跑的。这句话我没有讲。我总是很努力的，我的母亲。

是的，母亲默默地帮我照亮前方的路，又在我身后一点一点地付出，不需回报。"不过只要你好就行了。"和所有赞美母爱的作文一样，她这么说。这么没新意的话，不像您啊，我的母亲。

我有时含着泪水回家，悲愤至极，然后号啕大哭一场。母亲悄悄地走进来，坐在我身旁，用难得的耐心等我平静下来。眼睛通红的我，呜咽着听她轻声安慰，在万分感动之时，却要到一句"下次不管你了哦"。于是被气一气，我的怒火就很好地得到了转移，又可以跟母亲笑闹。

当我在领奖台上假装严肃、一本正经时，您总注视着我，眼里带着看穿一切的了然，表面上却在轻轻点头赞许。我又好气又好笑，得到了肯定却也扬扬自得。我们还真是像啊，母亲。

在成长路上愈行愈远的我，常常就忘记了来时的困惑，更忘记了为我指引的人。我是个不孝子，我是个白眼狼。当意识到那些言辞实在过分的时候，看见母亲只是默默地笑着。又有谁知道，她的心里是怎样的千疮百孔呢。

我一直都对不起您，我的母亲。可您还是那么爱我啊，爱得让我永远不惧前行，因为我相信，无论何时回头，您都会微笑地来迎接我。

林迪"炮"同学二三事

巫 物

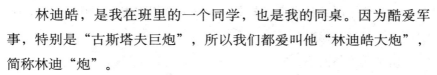

林迪皓，是我在班里的一个同学，也是我的同桌。因为酷爱军事，特别是"古斯塔夫巨炮"，所以我们都爱叫他"林迪皓大炮"，简称林迪"炮"。

他生得肥胖而黑，块头很大，因此很不灵活。他长得很着急，头上"痔疮"——青春痘的俗称——长得非常多，一粒粒暴出，样子很吓人。

虽然背地里说人坏话不好，但要我说真心话，我可只会说：我实在不大佩服他。最讨厌的是切切察察这一点，一个人不知低声说些什么，还不时拉拉衣服、裤子，令人心生疑惧。

"林大炮那么胖，上课的坐相，怕不见得很好吧？"刘思远同学问。

我点了点头，又立刻停了下来，这实在是无法可想，便不去想吧。

他还有一点也很令我不舒服——爱乱射水。

林迪炮先把空水瓶或一瓶水放好，要么把空水瓶装满水，把瓶盖用校徽上的针扎破，要么把一瓶水倒光或直接扎上几个洞。那简直像个"尿壶"，令我极其反感。

他把"尿壶"放在抽屉里，有时水从小孔中流出，湿了他的书包。发现时，他会大骂一句，问是谁干的。下课时，他会拿出"尿壶"不停

095

特殊的快乐

地在射水，地板变滑了，而且我曾看到一个同学这样被滑倒。当有人不小心冒犯到他或有人在他附近时，他也会拿出"尿壶"，不断喷在别人身上。有次，我超过一丝领土，他便把我整条裤子弄湿。

不论是不断地浪费水资源，还是死皮赖脸地求老师给他加点儿分的事情，在我心中都不如不可靠这件事叫我冒火。

他常常在小测前、考试前大喊"我考不上八十分"或"这次我上不了九十分"，然而每次都是九十五分、九十六分这类成绩。

曾经有人与他打赌上不了八十五分，他考了九十分，却丝毫不愿赌服输，太赖皮！我还傻乎乎地安慰过他别担心成绩，结果是我该担心自己的成绩，太可恶！

他没事平时会哼很奇怪的曲调，让人觉得他很傻。其实不然，他学习成绩很好，稳霸前五。

这是我可望而不可即的。

我从他身上学到了：品德第一，学习第二。我真的很希望他能改掉自己的种种恶习，特别是到处射水——这极其浪费水。

笑　神

陈逸洋

话说班内有神人，如考神、体育神、哭神等。吾班诸神之中，两位笑神可谓是神人中的神人。

笑神之一郭嘉霖，笑时，两腮如蛤蟆向上隆起，"一笑倾城，二笑倾国，三笑普度众生”，笑时双眼成线，"嘿嘿"之声引得众人驻足观望之。当上课，老师双目威力四射之时，仍笑不绝口矣。

一日，正上品德课时，其忽想到乐处，大笑。师怒曰："何事如此放肆！"然其仍大笑不止，真似"弥勒转世，笑神下凡"！师大怒，疾步到其桌边，其目视一眼师，闭口不言。须臾，又大笑。师怒到极点，气达顶峰，大吼一声道："给吾出去！"他这才闭口不笑，却似一副哭相。两眼迷蒙，双目朦胧，嘴角下垂，鼻子耷拉，如过街老鼠走出教室。不料其忽长号一声，又笑，幸吾师未听见。现在，其仍常大笑，被削去体育委员，仍笑；考试"判死刑"，仍笑。

"笑神"之二潘心柔，坐也笑，行也笑，无时不笑，笑时多半不知所云。

那日，吾班叶老师正上课中，忽提问此笑神。此人正云游四方，口含笑容，起身不知。师又问，不答，再问，无语。师思如何教时，其忽笑出声，不止。师无奈，欲怒言相加，恐其心伤；又欲好言相劝，恐其不听；又欲仰天长叹，恐其见更乐。遂无言以对。此女仍笑不止，众茫然，师只得让其坐下。

笑神岂不为二者乎？

097

谁动了我的语文书

诗 活

我是一个喜欢看恐怖悬疑推理小说的女孩儿，常常看《查理九

特殊的快乐

世》《福尔摩斯探案集》《名侦探柯南》……一个个不可思议的谜团最终都被抽丝剥茧，是不是很刺激呢？这可不，学以致用，帮上大忙啦！

临近期末的时候，正准备拿出语文书复习，可是我找遍整个书包，也不见语文书的踪影，此时的我心急如焚。不过着急过后，我学着小说中侦探那样：先让我自己冷静，努力做到"泰山崩于前而不变色"。

今天都有谁动了我的语文书呢？首先我想到了排除法，前排的琦琦，她是我多年的好闺密；我的同桌，乐于助人；还有前后的几个死党，他们应该都不会不吱声拿走我的语文书。

在我的部署下，"名侦探"团成立了。"门官"琳琳清楚地记得，课间操时间，她最后一个离开教室，离开前将教室门锁得好好的，如果语文书在教室，不可能不翼而飞啊！

后来，通过现场仔细排查，我发现一个"重大线索"：在我的课桌上有一滴牛奶汁！根据这一蛛丝马迹，我们顺藤摸瓜，看看今天在班级有哪位同学喝牛奶了，那么他的"嫌疑"最大。经过找多位同学询问，终于"嫌疑人"浮出水面——原来是我们班的"恶搞大王"星星今天喝了牛奶！虽然已经锁定目标，但是，为免"打草惊蛇"，"侦探团"派出口才很好的"小诸葛"智智与"嫌疑人"巧妙周旋、旁敲侧击，好一个"诸葛亮下江东——全凭一张嘴"，让"嫌疑人"星星自己承认了，是他恶作剧把我的语文书拿走了。罪魁祸首终于落网，我的语文书失而复得了。

善于观察，善于推理，学会联想，学会把不同的事件以时间线或者任何线索串联起来。这都是我从悬疑推理小说中学到的，活学活用，学以致用。

食堂风波

菩　叶

当每天的十一点五十分，你站在校园的校门口时，便会看到那"疯狂"的一幕：成群结队的孩子从教学楼里涌出来，连蹦带跳，迫不及待朝同一个地方跑去、走去。那是哪？你一定想不到，那就是散发着"迷人"香味的食堂。

如果说这叫壮观，那你就大错特错了。因为，当你迈进食堂的那一刻，才知道什么叫真正的"壮观"。只见小小的食堂人山人海，嘈杂的环境下，依然抵挡不住同学们与饭菜的一场轰轰烈烈的"战争"。木桌上摆着诱人的饭菜，那鲜泽亮丽的颜色与菜色搭配，仿佛是在和人们说："来呀来呀，快来吃我呀！"于是，几盘小菜马上就被迎面而来的十双筷子给"领"回盘里。

当然，如果一切都是那么顺利，"风波"又从何而来呢？实际上，引发这场"风波"的并不是人，而是一盘"土豆炖排骨"。当当当，开始了！只见几位同学挽起了袖子，握起了勺子，拿起了筷子，气势汹汹地整装待发。"呀——"指间长长的筷子在灵活的双手中操控自如，轻而易举地瞄准了一块排骨，准确无误地夹了起来，放入盘中，享受这美味的佳肴。当然，这只是其中一双"灵活的筷子"。

有了"灵活的筷子"，自然也就有"笨拙的筷子"与"调皮的排骨"啰！这两个"天敌"，一见面就展开了"你追我赶"的游戏。筷子一伸向排骨，我逃！这不，排骨成功逃脱了筷子的"魔爪"。筷子丝毫没有减弱气势，依然坚定地伸向敌军，希望一击命中敌人的下怀。但筷子又一次失败了。这时，操控筷子的手不甘心了，活动活动筋骨，又整装待发了。这次，排骨君似乎被前两次胜利的喜悦冲昏了头，也似乎是前两次的失败激励了筷子，终于，筷子成功打败了排骨！

面对这来之不易的口中之食，显然，操作者一定觉得"战利品"异常美味，脸上洋溢着尝到胜利的喜悦。这样的"风波"时时刻刻都在发生，可能只是你没有发现。也正是因为这些"风波"，我们的校园午餐才充满了无限的欢笑。

成长路上的阳光

走 马

又是一个明媚的早晨，阳光沐浴着大地，走在校园里，秋风虽让我感觉有些寒冷，可因为温暖的阳光，使得树木花草们有了无限生机。这使我联想到，在我成长过程中，沐浴着来自四面八方的阳光，无时无刻地照耀着我，滋润着我，这成长路上的阳光，让我健康、茁壮地成长。

记得每次期末考试，父母总是在我耳边不厌其烦地唠叨，"怎么不多吃点儿？饿了怎么办？""路上小心点儿""做题细心点儿"……我感到有些烦躁，便急不可耐地回答一声："知道了！"可就是这一点一点的叮嘱，让我形成了现在谨慎的习惯，让我避免了很多失误。想起妈妈的话，我变得不再挑食，不再对过马路感到恐惧，不再粗心。无论何时想起，我的心中都一片温暖，正如同天上的阳光一般温暖舒服。

五年级的一天，乌云密布，我的心中也布着乌云，因没有得到"区三好生"而落泪，之后很长一段日子，我都失魂落魄，没有了信心。这时，一束光芒照进了我的心间，"是金子总会发光的，怎能因为一两次失败而放弃呢？经历了风雨，才能见到彩虹啊！"春风般的话语，吹尽了我的烦恼。抬头一看，站在我身旁的是以前的班主任，熟悉的微笑对着我。她用宽大温暖的手掌摸着我的头，依旧弯着眼睛，嘴角上扬的弧度那么熟悉。我点点头，自信又回到了我的心中。我何必为了挫折而放弃？我开始努力拼搏，最终，我获得了"市三好生"的称号。"经历了风雨，才能见到彩虹啊！"耳畔再一次响起老师的话语。至今想起，还是感激不尽。正如被风雨打击过的小草一样，我一蹶不振，直到阳光在头顶照耀，我才再次拥有了希望，拥有了自信。

除了父母和师长，当然还有陌生人对我的关怀。那天上完舞蹈课，正在前往停车场的路上，五岁的我远远落在了妈妈后面。我在一家玩具店前驻足，却忘记了时间。我开始慌张，茫然地望向四周。周围是拥挤的人潮。我无助地东张西望，却没看见熟悉的声影。她走了过来，用亲切的嗓音询问我："你怎么了？""我……我找不到妈妈了。""那你记得妈妈的电话吗？"我被惊慌冲昏了头，记不起最熟悉的号码了。她牵起我的手，安慰幼小的我，直到妈妈找来，她又一声不响地离去。

很庆幸，我成长的路上有阳光照耀着，有父母的呵护、师长的教诲、陌生人的关怀……就如同春日中的小草，一次又一次地受着阳光的滋润，在这充满随机的世界中苗壮成长。

暖流入人心

李昕然

在这个世界里，会有很多人，在你陷入困境时，用微小的举动，给予你温暖和莫大的鼓励，使你，拥有走下去的动力。

我要进行语文演讲，在台下时，我就紧张起来，稿子被我紧握在手心，都被抓破了。

上了台，我深吸了一口气，顺溜地说出了开场白，刚想接下一句，但突然之间，脑子里一片空白，我看着台下一排排的同学，心跳加速。我努力调动脑细胞，想回忆起什么，但除了苍白，别无他物。窗外寒风呼啸，卷起枯叶，似乎在发出支离破碎的尖叫："你想不起来的，想不起来……"时间似乎凝固了。

忽然，耳边传来"啪嗒"的脚步声和"吱呀……"的推门声，不用看我也知道，您来了，我尴尬地咽了口唾沫，再迟缓地说出几个字，我要当着您的面出丑了吗？

我的目光下意识地在四周扫视，不经意间瞄到了您。您是微笑着的，含笑的眼眸里并不是我想象中的淡漠，而是鼓励，明亮的眸子像一条闪着光的小溪，流进我的心谷，温暖而有力，汇聚成一句话："加油！"

那种温暖像是有魔力，它涌遍我的全身，一点点将四周的空气

解冻，时间又开始流动，我的嘴有知觉了，稿子一点点浮现在我的脑海，又一点点从我口中蹦出。声音越来越洪亮，我扬起头，熟练地演讲。我感到一道温热的目光笼罩着我。我知道，那目光，来自凝视着我的您。那温暖的有力的目光，在我心谷里，汇成一条奔流不息的暖流。

我一字一句地讲着，那每一个字，都是温热的，那是那股暖流的凝聚，是您的鼓励，也是对您的凝视的感激。

"我的演讲就到这里，谢谢大家。"

我深深地鞠躬，为同学，为自己，为心中的那股暖流，更为您。

我轻轻走回位子上，看着您含笑的、明亮的、温暖的眼眸，在心里由衷地感谢您。

我相信，在这个世界上，当你陷入困境时，总会有一些人，用细微的动作，给予你温暖和鼓励，让你继续走下去。

善 之 光

心 谕

阳光，有的灿烂，有的柔和，有的温暖无比。看，有两道灿烂阳光不停地闪耀，那是他人给予我的帮助。

期中考就快到了，我十分紧张。数学的这几个单元，例题很多，难度不小，作业如同小山一般，更是压得我喘不过气来。

课间，我在奋笔疾书地写作业。教室中有疯跑的，有聊天的，还有看漫画的同学，个别几个人在写作业。

突然，我被一道题难住了，后面也还有几道类似的题型。我绞尽脑汁，却怎么也想不出解法，我急得像热锅上的蚂蚁团团转。

这时，我想到了去找老师。数学老师有空吗？她会回答我的问题吗？在不在办公室呢？

怀着这种心情，我来到办公室，正好老师坐在那里休息，我告诉了她我的疑惑，她微微一笑，开始滔滔不绝地讲解起来。解答得一针见血，方式行云流水，我恍然大悟。看着她那温和的笑容，密密麻麻的解题思路，我的心仿佛被阳光照耀一般，慢慢变暖。

终于，数学期中考来了，我做对了那类题目，取得了好成绩。

那次我和朋友一起打球。我盖下篮球，一个猛扑，夺过球，纵身一跃，把球奋力地投了出去。

但是，跳得太高，我重心不稳，膝盖蹭地，倒在旁边。我疼痛难忍之时，一个穿运动服的小男孩儿走了过来。我与他素不相识，他却默默地架住我的手，扶我到椅子上，说："我有药，你等一下。"

我点点头，一会儿，他走过来，蹲在我膝盖前，轻轻吹去伤口上的灰尘，又用纱布沾了清水慢慢擦拭，接着把药涂抹在伤口上，包扎好伤口，对我笑笑就走了。他帮助了我，我却未及感谢他，我的心里有遗憾，更有温暖。

善良的举动，如同一缕缕阳光照耀着我，令我向往太阳，感恩生活。

阳光·雨露·成长

恬 心

你们的爱如和煦的阳光，在爱的阳光下，我茁壮成长。

——题记

清晨，湛蓝的天空中飘着云层，阳光洒在校园里，伴着同学们的声声贺喜，我走进校园，心里觉得甜甜的，暖暖的。校门口大屏幕上滚动着："祝贺我校王诗恬同学参加福州市第五届小主持人大赛，荣获'十佳小主持人'称号！"此刻，我思绪万千，我知道成功的路上到处铺满了荆棘……

那天，黄老师突然告诉我，让我代表学校参加福州市第五届十佳小主持人大赛，我犹豫了："这可是一个代表学校参加的比赛，如果失败了……但是，这也是一个可以展示自我的舞台，机会很难得……"黄老师仿佛看穿了我的心思，走了过来，和蔼可亲地说："去吧，这是一次锻炼的机会，只要努力过就不会后悔！"是的，罗曼·罗兰说过："累累的创伤，就是生命给你最好的东西，因为在每个创伤上面都标志着前进的一步！"

回到家里，妈妈一如既往地鼓励我："去吧，孩子，你应该珍惜，在妈妈生活的年代，能有温饱就不错了，哪谈得上艺术的追求啊！"接下来，妈妈就开始坐在电脑前准备着比赛的资料。颈椎都疼得动不了了，她还在电脑前制作着我比赛需要的LED背景视频；下着大雨，她帮我去商场买比赛需要的服装。雨越下越大，我趴在窗前焦急地等着妈妈，终于看见了一个瘦小的身影，妈妈已俨然成了一个"落汤鸡"。

赛前辅导紧张地进行着。"地震的'震'是前鼻音，慌乱的'慌'是后鼻音，来跟我读！" "地震！慌乱！"黄老师虽然焦急，但脸上仍如一湾泉水般平静，"你的前鼻音和后鼻音全乱套啰！"我顿时愣住了：比赛如火烧到额头——迫在眉睫！于是，我暗下决心，大家都为我付出了这么多，我也不能辜负大家对我的期望。每天练有关前后鼻音的绕口令十遍，满脑子被这些绕口令充斥着"小青和小琴，小琴手很勤……"

终于到了"迎战"的时刻，比赛现场人山人海，选手们都拿出了十八般武艺，我的心就像十五个吊桶打水——七上八下，妈妈和黄老师看出了原来很阿Q的我也紧张起来了，蹲下来，在我耳边鼓励我："加油，孩子，你一定可以的！"就是在大家的鼓舞下，我才能在舞台上发挥得淋漓尽致，最终还取得了"最佳风采奖"，我知道那是我对大家辛苦付出的最好回报。

一颗种子，要生根、发芽、结果，离不开阳光的照耀，雨露的滋润。回首漫漫的成长路，尤其追求艺术的道路上，我这颗种子，始终享受着阳光和雨露。温暖的阳光给了我力量，温暖的阳光给了我美好的生活，温暖的阳光给了我追求理想的动力和勇气。当阳光已充足，当雨露尽情滋养，便成了花开的力量。我贪婪地享受着，幸福地成长着。

生命之思

　　我们要想活出精彩，要想开出美丽的花朵，就应该明确自己的目标，珍惜"少年时"，努力奋斗，不断充实、提高自己，让自己的人生最终成为一片美丽而又热烈的花瓣。

所谓幸福

李芷滢

最近经常听到身边的人说起幸福。可是，幸福是什么？

奶奶告诉我，吃饱饭就是幸福。吃饱了，就有力气奋斗，向着自己喜欢的事情奋斗。奶奶越说，越和吃饭没有关系，可是奶奶说，她很幸福。

妈妈告诉我，幸福是有一份安稳的工作，闲暇时间能够追求想要追求的东西，身边有一个值得依靠的人相伴。妈妈说，她现在很幸福。

爸爸告诉我，幸福很简单，就是生活中没有让自己烦心的事，没有任何事或人能够惹自己生气，乐观地面对所有事，这就是幸福。爸爸他也很幸福。

书本上有很多关于幸福的语言，有的告诉我，要常常提醒自己注意幸福，幸福是种感觉，常常地，只要我们提醒自己，就会发现心中是暖洋洋的，亮光光的；有的告诉我，在适当的时候放弃物欲，以求心灵上的"宽袍大袖，清风飘飘"；有的告诉我，即使面对不如意的事情也要快乐，这样就是幸福；有的告诉我，深深地热爱着生活，就能什么都喜欢……这些，都是那所谓的幸福。

我喜欢那些所谓的小幸福。它也许只是燥热的天气里下的一场小雨；它也许只是冬日里的一缕阳光；它也许只是微风拂面时轻柔的感觉；它也许只是头发被大风吹得飘舞时打在脸上的感觉；它也许是情侣间轻轻牵住的手；它也许是新婚夫妇走向礼堂时紧紧握住的手；它也许是年迈的夫妇还能握住彼此依靠的那双手；它或许是朋友间的信任；它或许是走在路上时陌生人的笑脸；它或许是紧张时别人对你的肯定；它或许是骄傲时别人的一句警戒；它或许是绝望时闪现的一丝希望；它或许是失望时再次立下的美好愿望……

幸福其实很简单，简单到一伸手，就能触到它。

遇见当年葬花时

汤　昵

花开易见，花落难寻。看这梨花在无人欣赏的角落里开得淡雅，也开得热烈。黛玉和宝钗之间棱角分明与八面玲珑的碰撞，带出一曲《葬花词》。这小小的火花在心中燃起了大火，我闭上眼，恍若穿越了千年，飞回那段绵长的时光。

1

变了，变了，我是一抹粉霞，在枝间飞舞徘徊。

自然赐我的预感十分强烈，我感到死神的降临。一丝风吹来，我便掉落在地。我的许多同伴用全身所有水分的干涸，变为干花，尽享富贵。我好傻，但这一生，我没白过。身体被放入锦袋，一人低吟：花谢花飞花满天，红消香断有谁怜？游丝软系飘春榭，落絮轻沾扑绣帘。闺中女儿惜春暮，愁绪满怀无诉处。手把花锄出绣帘，忍踏落花来复去。原来，世间也有人如我一般傻。她不爱富贵荣华。一抔土盖下，我淡淡一笑，闭上眼。

2

变了，变了，我是一杆木柄，与铁锄为伴。

一丝冰凉化开在身。一双手将我拉起，许多同伴与我不同。他们或为家具，或为房梁，镀金镶玉，香粉环绕，足以耀武扬威。我好傻，但这一次，我没白来。一点点接触到泥土，一人低吟：花开易见落难寻，阶前愁杀葬花人。独把花锄空洒泪，洒上空枝见血痕。原来世间有人同我一般傻，她不要权势威赫。一丝丝冰凉，我轻轻一吻，闭上眼。

110

3

变了，变了，我是一片白锦，从一大卷布匹上被剪下。

许多同伴与我不同。他们或为丝帕，或为衣裳。若有幸入名家之手，便会集万千宠爱于一身，足以名利双收。我好傻，但这件事，我没白做。一点点阳光被蚕食，一人低吟：试看春残花落尽，便是红颜老死时，一朝春尽红颜老，花落人亡两不知。原来，世间有人同我一般傻，她不求万人环绕。一点点入梦，我浅浅一叹，闭上眼。

再睁眼，见花已绽放完她的美，将生命送给果实，零落在地。花的一生，没有贪图富贵与名声，也没有留恋枝头的美丽，只是走着自己的路。我忘掉那身边的种种诱惑，抛去了心中的杂念，直冲自己的梦想，一步步向前走去。步伐中少了一分轻快，却多了一分坚定。

人生就像一片花瓣

连晟聪

花是美丽的、热烈的，但也是短暂的。人生就像一片花瓣，等到生命终了时，慢慢地在天空中翻转，落到地上。

在一个清冷的春夜，我来到温泉公园，漫步在桃花园中，春风悄悄走过来，时不时吹落几片花瓣。我倚在一张石凳上，抬头望着天，云中透出一弯月，偶尔看见几颗银白色的小星星。月光洒下来透过花枝，照在空中飞舞的花瓣上。我看着花瓣，感叹着花的美丽、热烈和短暂，一首诗突然从我的心田流过：劝君莫惜金缕衣，劝君惜取少年时。花开堪折直须折，莫待无花空折枝。

为什么这首诗会突然出现在脑海中呢？我想起了与这首诗的初次相识。

那年我读四年级，还是个不懂珍惜时间的少年。眼看漫长的学习生活正悄悄向我走来，我却仍然将学习当作一项任务。每天放学回家我总是先享受水果和零食，然后摆弄我心爱的玩具，等到父母下班回家催我才开始做作业。日子一天天过去，进入四年级下学期，我依然如故。

记得是四年级下学期，一个周五下午的最后一节课，语文老师给我们讲授课外诗词，重点讲《唐诗三百首》中的《金缕衣》。老师用这首诗告诉我们，人生短暂，要好好珍惜时间。我若有所思。第二天，我们一家人去乡村看樱花，樱花好美，白的像雪，粉的像霞。中午我们在一家小店吃饭，与店主聊起樱花，店主说："樱花一般在三月左右开，大概二十天后就谢了。"我不禁感叹："这么短！"店主笑着说："别看花二十天就谢了，可人的几十年，如果不好好珍惜，也是一晃而过。"这话深深触动了我，人生有时就像樱花一样短暂。"莫待无花空折枝"啊！花的生命短，人不也是一样？若放着花枝不摘，等到无花时悔恨也来不及了。于是，我开始珍惜时间，用好每一分每一秒。

从回忆中出来，我又轻轻地在花园散步，静静地看着漫天飞舞的花瓣。我想：花，经历风吹雨打，却顽强地生长，最终绽放出美丽的花朵，散发出清香，这不正像人生吗？我们要想活出精彩，要想开出美丽的花瓣，就应该明确自己的目标，珍惜"少年时"，努力奋斗，不断充实、提高自己，让自己的人生最终成为一片美丽而又热烈的花瓣。

112

寻　花

日　成

当你来到名山中，你是否会想寻找一朵花？当你思考人生时，你是否会寻找逝去的美好？人生是一个不断寻找的过程，要去感受寻找的乐趣。

去年，我到峨眉山游玩。正是二月，雪水融化，有一点儿新抽枝的树木。妈妈看到这些新抽芽的细枝，不禁感叹道："真绿啊，好漂亮！"我也说："是啊，一颗一颗的，很好玩。"妈妈问："有花吗？"我回答："有吧，像樱花、桃花，就是这时候开放。"妈妈说："那我们一起来寻花怎样？谁找到算谁赢。""好呀，我一定赢！"我说。我们开始了寻找的旅程。

走在人烟稀少的小路上，有时路过一家小店。两旁的树上，偶尔覆盖着一层冰。呼吸着野外的新鲜空气，时不时望着四周微绿的树丛，我们在寻，寻找一枝花，一枝早春的花。

水流声洗涤着我的心，我走上了一条湿润的野路，我高呼："是小溪！"于是，我带领着一家人，走上了溪边岸上的小路。看到眼前雪水化成的小溪，我惊奇地发现，溪边的新芽更多了，我似乎看见了成功近在眼前，对妈妈说："看！这里的绿芽变多了，说不定会有花！"说完，我疾步向前，去寻找。

啊！是花！几朵淡黄色的小花，隐隐藏在树枝间，那不同于周围的淡黄色，却使它们格外显眼。我来不及等待爸爸妈妈，踩着溪上一条石头小路，跳过了河。拨开树枝，也不顾雪花落到手上的寒冷，我看清了那枝花。虽然不知道是什么花，但是因为是我寻到的，所以更党珍贵。我望着它，不禁喊道："我赢了！"

爸爸用照相机永远地保存了那个时刻。一条枝上，几朵小黄花衬着雪花，正在怒放，五六片花瓣中抽出几条花蕊，十分娇艳。

我寻，寻找一枝花，也是寻找人生的美好。有"不知近水花先发"的奇迹，也有"疑是今冬雪未消"的美好比喻。人生是一个不断"寻"的过程，要感受到"寻"的乐趣。

113

路

路阳光

晚霞就挂在天边。我们在路上匆忙地从这头到那头，又匆忙地从那头回到这头，总是在这漫无目的的往返中消磨时光。不禁感叹："路，何谓路？"

山间小路

儿时，奶奶家门前那从大山中一直蜿蜒出来的小路来到了我的身边。盛夏的清晨，虫鸣鸟唱，薄雾轻旋，我躺在床上，等待小阁楼下一声爽朗而又豪迈的山歌，便是起床的时候了。

一骨碌从床上爬起来，牵着大黄狗，跟着奶奶经过门前小路到村头的小溪里取水。走在苍翠欲滴的大山之间，呼吸着暗香浮动的清新空气，聆听着山间鸟儿宛转歌唱，观赏道路两旁那芬芳诱人的花草树木，也是一种至高无上的享受。

山间小路，是儿时暑假在农村里度过的美好时光。

门 前 马 路

　　童年，城市里川流不息的车辆经过繁华的马路从我的家门前飞驰而过。我坐在妈妈的车子里，无声地望着车窗外边。

　　城市街头，人头攒动，霓虹闪烁，车水马龙，没有了白天学习、工作的辛苦与劳累，留下的是一串串喇叭声中傍晚的美丽景色以及回家与家人们共话今宵的悠闲、围着小桌子享受暖茶的温暖与快乐。

　　马路上，安宁、闲适的气息扑面而来，这是童年放学回家悄然无声地带给我们的甜美礼物。

哲 理 之 路

　　现在，一条名叫"成长"的路成了我人生中风雨经历的记录者。

　　人生道路之长，不可言喻。我一次又一次静静地坐在书桌前沉思、沉思——人生道路上何为"成长"？回首从前，总是单纯地认为"成长"只是从孩提时代长大成人的一个简单的代名词罢了。我，还小，不必时刻关注着这人世间难以令人察觉到的细微的变化。然而，世界就在那不经意间转了个身子，含着笑对我说："自己加油吧，亲爱的孩子！"

　　成长的路，或许就是如此。

　　天边的夕阳一点一点地散去，又是一个昼夜。路，还在那里，等待着一群疯狂着度过每一天的人们从那里开始又一轮往返。

运动会上的一幕

吴亚楠

上周六，我们学校举行了运动会，场面极其盛大，其中也有不少吸引人的地方。但有一幕，却给我留下了深刻印象。

伴随着跑步声、呐喊声、广播声，在骄阳下的操场上，实心球的比赛开始了。我和我的同桌作为本班的参赛选手，怀着有些忐忑的心情，站在了比赛场上。

开始上场了，首先是一名一班的同学，她扔得挺远，给顺序第二的我增加了一丝压力。不过，到了我，在我双手碰到球的那一刹那，我冷静下来了。双脚猛地一跳，完成一个换腿，以极似投篮球三分的动作，把球扔了出去，完美地投了六米多。

之后是同桌，但她十分紧张，双手似乎还有些颤抖。她深吸了一口气，手举球过头顶，背部向后弯曲，猛地挑起，并投出了球。那小小的实心球在空中划出一条弧线，落在了仅次于我的位置。我和周围的同学都鼓掌为她喝彩。

但之后，情况就不容乐观了。我虽然越来越远，并保持着第一的位置，但同桌却无法扔得更远，不断有人反超她。那张已有汗水的脸变得十分担忧。不过，最终，我们还是都进了决赛。

决赛，已过了两轮，到了最后一轮了。我仍是第一，而同桌，却是倒数第二。

她走上场，我看着她感觉她变了，她要放手一搏！她打量着眼前这个小球，眼中却充满了奋斗的火焰。她举起球，咬紧牙关，收腿起跳。我们，也扯着嗓子为她加油。最终，她腾空跃起，把球投了出去。那球，如一颗小流星一般，在那澄澈的空中划过，所有人都注视着，希望它能飞得更高更远。这一幕，这是最令我难以忘怀的一幕。但是，结果并不佳，可是，她努力了。

赛后，我走到有些失落的她身边："努力，未必会胜；但不努力，必输！你已经努力了，就没有遗憾，下次再来！"

我不知道我的一番话是否让她走出阴影，但是，她拼尽全力的最后一投，令我难忘。

偷 桑 葚

117

许奕昕

小时候，老家院子里有一棵桑葚树，每年秋季的时候，树上就会挂满桑葚果，一粒一粒紫黑色的小果子挂在枝头，煞是好看。爷爷和奶奶那时候从不让我碰这桑葚树，连看也只能在一米开外，他们就怕我把它给折了，来年就没有桑葚吃了。

有一天，我趁着奶奶去睡午觉，爷爷也到田里干农活去了，大家都没空管我时，偷偷地溜出了房间，来到这棵已经结满果实的桑葚树旁。我上下打量了一番，也没看出什么所以然来："不就是一棵破树嘛，爷爷奶奶有什么好珍惜的，奇怪！"我手脚并用地向上爬，像一只滑稽的小猴子，瞅准较粗的树枝，伸手一抓，身体紧紧缠住树干，再慢慢向上蹭。一路上，我无意折断了许多结了果、没有结果的和正在结果的树枝。"喀啦喀啦"树枝接连掉落，哀怨地躺倒在凹凸不平的泥土地上。

终于到了树干的交叉处，我倚在一枝粗大的枝杈上，一伸手，就摘下几粒又大又黑的桑葚，投进嘴里，饱满酸甜的汁液在嘴里绽放。我手上还捏着几个黑里透紫的大桑葚，嘴角是红黑红黑的果汁，一抹嘴，白色的袖子就变成了紫色的了。

这时，奶奶睡醒了，却发现我不在床上睡觉，于是急急忙忙地出来找我。看到院里的景象，奶奶大吃一惊：桑葚树下竟有许多新断的枝干，一抬头就发现我在树上，气不打一处来，把我狠狠地揍了一顿，边打边教训我："告诉你了，结果的桑葚断了，来年就不长了，更何况还不止一枝，今天打你，要让你记住教训！"我一边痛哭流涕，一边想想，确实奶奶说的对，是我错了。

桑葚好吃，但不可着急粗暴，否则明年就吃不到了。

童年的小白

江大治

在我的鞋柜中，珍藏着一双陈旧的小白鞋。尽管它的色泽泛着时间留下的灰白，却蕴藏着永不褪色的童年记忆。

那是一年级即将结束之时，时逢六月，暑气袭人，我穿着心爱的新布鞋，乐颠颠地朝学校大步走去。天似乎有些阴沉，但这并不影响我心中那种时刻要跃出胸膛的骄傲。

跨进教室，我特意加大了腿的摆动弧度。然而，居然没人理睬我，我像只斗败的公鸡，沮丧地坐到位子上。不一会儿，老天爷貌似也为我感到悲伤，一时暴雨骤至，电闪雷鸣，仿佛整个城市都为之撼动。

正当我都快忘了我脚上的小白鞋时，不知从哪儿冒出来的同学用眼角的余光瞄到了它。片刻后，我就被一大群人挤在了中间。我的虚荣心得到了极大的满足。尽管雨还在下，我的心却一片明朗。让人惋惜的是，那时上课铃不凑巧地响了。

挨过了一节课，下课铃终于来临。正当我打算再加炫耀之时，一群小伙伴又把我拖进踩水坑的行列。雨渐渐小了，我们冲入操场，只见跑道上有一汪汪清水，在昏暗的天空下显得分外清澈。在它们的诱惑下，我顾不上脚上那双心爱的小白鞋，像三月疯狂的兔子般在积水中嬉耍。我时而在积水中飞快地奔跑；时而在水中蹲伏着用双手拨动起层层涟漪；时而在细雨中缓缓地挪动步伐；时而站在风雨中感受清新的雨味。我的心仿佛与这雨、这天地融为一体，我的心是自由的。

可是，开心的我忽然感到脚心渗入一阵冰凉。怎么回事？啊，鞋子进水了！我瞬间明白了缘由。怎么办？怎么办？要被妈妈骂惨了。绝望像魔爪袭上心头，我的鞋进水了。

放学回家，雨已经停了，我的心却越加沉重。沉闷的脚步声伴随着挤出雨水的"咯吱"声，陪着我穿过一条条沐浴着阳光的街道。

回到家后，我打开电扇，让它使劲儿朝湿漉漉的鞋子吹风。然而，那鞋子就像泪眼蒙眬的黛玉，总有挤不完的水。我的心顿时凉了半截。

妈妈回家后，我受到了意料之中的一顿责骂并被贬到门外罚站。在我不得不接受那令人憎恨的"刑罚"时，我倒也想出了一条自我安慰的理由：世上欢乐的事，有时得付出委屈的代价。

一 路 有 你

唐展翊

曾以为会一直孤独地走在这条路上，却见身后的你已款款走来，虽没有帅气的面庞，健壮的身材，潇洒的风姿，但我已知你是可以和我共同承担风雨、一路同行的人。

一路有你，不再孤独。

犹记初见你时那个上午，立定跳远测试。斑驳的树影与起点线构成了恶魔的獠牙，将害怕被吞噬的我逼到了线后。终于轮到我，脚下像被什么重物绊着，狠狠地将我撂倒在一米二处。突然爆开了一阵笑声，我循着声源找到了你，于是追打，于是嬉闹，在笑声中不自觉地勾起了手。

一路有你，互相扶持。

渐渐地，我们开始并肩前行。我捏着你的白嫩脸庞，戏称"这么可爱，怎么会是男孩子呢"？你也瞅着我的小短腿，讽刺我"腿长一米八"。疯着，闹着，笑着，你的数学给了你一张"黄牌"。泪水终于从你的眼眶中滑下，砸到我心上。当老师的深谈和我的安慰辅导全部失效时，我哀叹你现在已不是那个足球场上生龙活虎的运动健将了，而是一个颓废者。我发火了："你爱学不学！"你没有说什么，但上课时悄悄回头，目光交会，我看见了你眼神中的坚毅。

一路有你，方见晴天。

现在，我们共赴未来。你这小子，英语和体育远比我灵光。我们一起高兴地舔着冰棒，接受着太阳的注视。捧着各自的复习资料，我为你补数学，为了一道小题甚至不惜"大动干戈"；你为我补英语，各种语法点耗尽了你的口水。我记得你曾信誓旦旦地和我说过，你想进红榜，希望我考进前十名。熬过黑夜是光明。当我们成功时，已走了一年的我们已然按捺不住心中的喜悦，在骄阳中尽情奔跑。

这条路上依然有许多孤独的旅行者，但一路上有你的陪伴，我的旅程开始绚彩缤纷，尽管我们有时会争吵、会冷战、会哭泣，但我们始终明白，友情的力量是无穷的。

送　别

苏　莫

还记得那一天，一切平静，可空气里总有一种淡淡的悲哀弥漫其间。因为我们知道这是你能陪伴我们的最后一天。明天，你就将出现在一个新的国度，开始新的生活。

道别之后，你像往常一样独自离开。我追上你，道："再见了，有空网上聊哦。""嗯，好的。"你甜甜笑了笑。我和你就这样缓缓地朝校门的方向走去，彼此无言。一首悠扬的歌伴着旋律漫上我的心，那是一首《送别》：

长亭外，古道边，芳草碧连天。晚风拂柳笛声残，夕阳山外山。

天之涯，地之角，知交半零落。一壶浊酒尽余欢，今宵别梦寒。

韵律回荡在我的心间，我的眼眶有些发红，当年的我们因为同样的爱好成为知交，今日与你送别，不知以后你还能否记得我呢？

　　我正沉思着，脑海里那首歌伴随着旋律在不经意间从嘴角溢出。你也附和上来，这首歌在低低的吟诵声中显得更加凄婉。夕阳的余晖从后面洒来，照在我们紧牵的手上。我们的影子拉得很长很长。我心里思绪万千：今日之后我们也许就不会相见了吧。今后，远渡重洋的你还会记得我吗？

　　我们轻轻踱出校门，那首声调不齐的《送别》在我听来宛如天籁。我的鼻子开始发酸，我知道自己已经哭了。我挣开你的手，故意离你有几步之遥，为的是不让你看见我眼里的泪水。我强忍着，送你到了那个我们都无比熟悉的公交车站，合唱早已停止。车到了，你登上了车。"再见。"和往常一样的话语，却使我不经泪流满面。

　　回家的路上，只有我一个人孤独地走着，吟唱着那首《送别》，我的知己啊，今日一别我们可否再相见呢？风中似乎还残留着你的声音，夕阳西落了，天之涯，地之角你还会再记得我吗。但愿那首包含着我无尽情感的《送别》能陪伴着你，缓缓倾诉我对你的送别之情。

122

四 叶 草

洪嘉铄

　　我知道，四叶草不单纯代表幸运，更多的，还是我们的友谊。

——题记

我家楼下有一块不起眼的小空地，那里曾经种有一大株绿茵茵的四叶草。它们曾经是多么充满生命力啊！可惜如今只剩下一块空荡荡的水泥地。唉，我千般万般的无奈，这里曾是我们的乐园啊！

　　六年前的秋天，"蜻蜓"扎着长长的马尾辫坐在我的前面。"你好，我是婷。你叫什么名字？"她转过身子对我微笑着说。"你好，我是洪嘉铄。"她轻轻地点了点头又笑了。

　　真巧。她就住在我家隔壁，她家的飘窗连着我家的阳台。这便是我们的小天地。往后，我们便一起上学，一起写作业，一起吃饭，一起谈天……我们成了形影不离的好朋友，即使隔着栏杆，也并不妨碍我们一起在对方的世界里成长。

　　一次上学，她在楼下等我，走到那块不起眼的空地前，她俯下身子仔细地观察着什么。"铄，快过来，我发现了好东西！"她小声地说，生怕惊动了什么。

　　"哇！好大一株四叶草啊。"

　　"还不止一株。"

　　"两株。"

　　"神奇吧。"

　　"哇啊啊啊——"

　　"小点儿声，"她轻轻地说，"这些小生命是我们发现的，就让我们呵护它吧。"她又笑了，眼中满是幸福的光芒。从那一刻起，我们便许下承诺，要守护好这株四叶草。但其实，还不如说是这株四叶草守护了我们的友谊。

　　但在那一天，当我发现四叶草失踪的那一天，我气愤地问她，她只是微笑地说着不知道。我们都认为是对方的过失，也都因为彼此的疏忽说了许多不该说的话。就在那个晚上，我开始怀念以前和她相处的时光，想起第一次相识时，她那灿烂的微笑；就在那个晚上，我无数次地从梦中惊醒，脑海里挥之不去的，还是那绿莹莹的四叶草。刹那间，我似乎明白了四叶草对于我们的重要性：不只是呵护，没有了四叶草，我们的友谊依然完好。我懊恼不已，要是我不那么冲动，也就……唉！

第二天的早上，她一如既往地在那块空地旁边等着我，见到我下楼，她微笑地朝我招招手。"对不起，谢谢你。"她只是笑着，在我心中，那便是最完美的笑容。我们还是和好了，变得比以前更要好。当我们奇迹般地发现四叶草再次生长出来时，我们都认为这是友谊带来的魔力。我们更加精心地照料着它们，直到毕业的时候。

就要毕业了，我送给她一张四叶草书签，真巧，她也一样。虽然今后我们会分道扬镳，但是那片微微泛黄的四叶草书签却依旧会陪伴我们一直成长。

如今，四叶草已经不在了，但我知道，有一株最最旺盛、最最珍贵的四叶草永远生长着，生长在我的内心深处。我幻想着有一天，四叶草唯美盛开，到那时的我们，可以相约在四叶草的花海，回味着，属于我们最美好的友谊。

124

凝　　视

林雨言

我凝视着，你的瞳色那么清澈，勾出我们的记忆。

我们凝视着各自的试卷。我悄悄地用余光扫了眼，瞅到了你试卷分数栏上的"9"的开头，又回头盯住自己试卷上大大的"7"开头，心中仿佛被猛然浇了盆冷水，五味杂陈涌了上来。你拿着你的试卷靠近我，看了看我的分数，却也没有说什么，只是凝视着、凝视着；你的眼眸是那么清澈，眼里闪亮着满满的笑意，看不出一丝丝的嘲笑："没事的，我也没考好，才'6'开头……"随后你悄悄地藏起你的试卷，诚恳地说："我们下课后一起研究一下吧，下次我们一定能考好的……"那天以后，课间总会见到我们勤学的身影。后来，我终于能与你齐肩，看到分数的一刹那，你由衷地笑了，清澈的眼里满是喜悦。

我们凝视着外面的滂沱大雨。正准备举伞迎向风雨中的你，回眸间，看到顶着书包没有带雨伞的我，立马拥着我的肩膀，"走吧，我们一起回去，顺路……"你凝视着、凝视着我。雨天，一把伞，两个人，我一点儿也不觉得伞小，一路上你把伞都倾向到我这侧，我凝视着雨水顺着你的发际、肩头、湿透了半身。你微微一笑，"嗯，到你家了，明天见。"我凝视着你风雨中的背影，慢慢远去，与路边迎风飘扬的行道树融为一体。

我和你，互相凝视着。这是离别的凝视。我知道，由于家里的原因，你就要去外地求学了。你送给我一个玻璃花，转动着泪光的眼眸仍然如此清澈。我们分别了，最后一次的凝视，最后一次的相望。"我们会见面的，一定会。"你这么说，松开我的手，慢慢关上车窗。凝视着你留下的玻璃花，我捂在手心，似乎捂住了我们珍贵的友谊。

亲爱的朋友，那朵玻璃花，我一直好好珍藏。因为我始终期待与你重逢，期待再见你清澈的眼眸。

我 的 阅 读

张柏嘉

歌德曾说过："读一本好书，就是和许多高尚的人谈话。"刘向认为："书犹药也，善读之可以医愚。"高尔基也说："书籍是人类进步的阶梯。"可在幼小的我眼中，读书并不是那么重要。在月光下吟读古诗，却连字也不知道是什么；在妈妈的怀中听幼儿画报，听不懂也傻乎乎地笑。阅读，究竟是为了什么？

上了学后，书陪伴我的时间越来越多，书展示给我的场景也越来越开阔了。从《小蝌蚪找妈妈》到《杨氏之子》，这种转变也让我从稚嫩转向了成熟。

与孔圣人谈论文艺，和朱文公切磋诗文。不知不觉中，我成长了许多，也懂得了学习的方法。"读书有三到，即心到、眼到、口到。""知之者不如好之者，好之者不如乐之者。""书，真是一座取之不尽，用之不竭的宝库啊！"

但与其说是一座宝库，倒不如说是"害人精"。每当我吃饭时，书却"诱惑"着我，让我忘记了饥饿；当我做作业时，捧起一本书，不知不觉沉浸在其中，让我事后赶做作业。这真是让我痛心疾首，却抵不住书的诱惑。

我认为读书也跟看人一样，是有讲究的。首先，你应该先大致地读一遍，就跟看人一般，是先看外貌，然后，再精读一遍，就跟着人的内涵一般，最后，细细品味其中的优缺点，就如把人的优缺点找出来一般。

找好书跟找朋友一样，也是有取向的。朋友有几种：酒肉朋友、普通朋友和知己。而书也有许多的不同，譬如漫画书，就是属于酒肉朋友了，这如同糟粕般，无用，也无可学习之处。而小说，就是普通朋友了，虽有瑕疵，却也并非是没有可借鉴之处的。而书中知己，就如四大名著：孙悟空有抗争精神，对师父不离不弃；诸葛亮足智多谋，用兵如神；武松一身好武艺，路见不平一声吼；而林黛玉则优柔寡断，最后抱恨终生……古代的作家们用他们活灵活现的笔墨，把这些人物刻画得栩栩如生，把这种精神用画面感的方式展现在我们的面前。真乃精华中的精华！如果不去阅读他们，就太可惜了！

如果我悲伤了，我会对自己说："去读书吧！"书籍会将我带向一个到处是欢声笑语的世界，我能在那里找到些许的安慰；如果我生气了，我会对自己说："去读书吧！"跟随着它的脚步，我愤怒的心情慢慢平静下来；如果我失败了，我还是对自己说："去读书吧！"因为有人会告诉我，失败是成功之母……

渐渐地，我发现书是一位有趣的朋友。他可以在你面前为你呈现可爱的小鸡和凶恶的灰狼，把你带入一个个感人的场景，教会你做人的道理，也懂得你内心的喜怒哀乐。

现在的我，已褪去了稚嫩的外表，换上了成熟的着装。但不管怎样斗转星移，我想，阅读还是我的必修课。因为阅读，让我隔着千年的时空与李白对吟；因为阅读，让我感受到文天祥坚贞不屈、视死如归的爱国精神；因为阅读，让我静静地倾听孔夫子讲的人生哲理；让我看苏秦佩戴着六国相印背后的"锥刺股"……书，是我们一生用不完的宝库。阅读，则是打开它唯一的钥匙。

沉　淀

暖　暖

久驻足于一幅书法作品前，仔细端详。回首从前，"浮躁"似乎一直缠绕于我的身旁，直到有一天，它们撞入了我的眼帘——

那是初冬，福州的空气还像夏天那般热闹，人们大声地笑着、闹着，空气中满是温暖与热量。我不得不端坐于桌前，平心静气地练好最后一页字。妈妈走了进来，皱着眉头看着地上揉成团的几张废纸，好像要说些什么，又住了口。她看看我手中的字，说："A在下面等你去看书法展，你收拾收拾先去吧！回来就不那么浮躁了。"我听话地放下了笔，心中却为自己无法专注于一项事物而烦恼。

我拉着好友的手，走进书法展厅。厅中的寂静与庄严让我们立刻收起了笑容，欣赏起左右两边出自于各书法大师之手的高级作品。我们总是急切地想与对方谈论这些书画的好与坏，却又一次次地被周围的宁静、祥和压了回去。我试着让自己静下来——望向四周，那是在不久前，不以为然的画卷。墨香一点一点地随室内的冷风吹入我的鼻翼，沉淀、沉淀、沉淀……

那沉淀于我心中的是滤去浮躁之后，对于书法、对于书法家们一点一点、一笔一画雕琢出来的、带着墨香的文字，我再一次挖掘出了对书法的热爱。那一幅美丽的文字，再次映入了我的眼帘。

周围的人似乎已经不见，同伴也不知去向，我独自一人静静地站在悄无声息的长廊中，氤氲的墨香萦绕于我的身旁——沉淀，沉淀，再沉淀……

回到家中，再次执起笔，心里，仿佛不如过去那般跳跃。那是一种奇妙的感觉，在名家作品的熏陶下，我多了份沉静。墨香帮助我凝聚热爱，滤去了浮躁，沉淀、沉淀，沉淀出最美的文字……

当阅读邂逅咖啡厅

墨 宁

暖暖的阳光照在西湖湖畔，湖面上金光闪闪，有着说不出的美。我斜坐在湖边咖啡厅的沙发上，手里捧着《双城记》，在丝丝缕缕的书香中享受着……一壶散发着淡淡水香的红茶，牵动我的鼻翼，撩拨我的文思，带给我来自远方的遐想；一曲民乐奏着轻风徐徐，奏着流水潺潺，奏着无限美好光景——

大梦书屋，又是这个熟悉的地方。阅读的乐趣沉浸在茫茫人海当中。其乐，墨韵般书斋；其趣，探深之奥秘。我捧着书，拿着笔，时不时地在书上写下自己的看法，是为批注也。我，为主人公的悲惨身世而惋惜、为他的机智聪明而赞叹、为作者精妙细腻的笔法而叫好。阅读就是这样，快乐总能油然而生。我的心里，同样倍感舒畅。那是藏在梦中的天堂，住在花儿里的仙子，躲在我身旁的美啊！

抿一口茶，茶香溢满口中，心思回到书上。阅读就好像品这一杯茶，轻轻再抿一口，先是淡淡的苦涩，随后，茶的清甜慢慢散开在嘴中。在那略带苦味的红茶里，我读出了茶叶经过浸泡后的味道；放几块冰糖，茶味儿淡去，残留在口中的是糖与茶的完美结合。然而，荡漾在嘴里的不仅是甜蜜、清新的茶味儿，也是阅读时沉浸于书香中的那股浓郁的墨水味。

《双城记》，这本名著在我的手心里散发着它诱人的气息。薄荷绿色的封面，典雅、端庄，就好似一位柔弱的女子掩着脸，张着小嘴儿，向我讲述着过去的事情。我提起笔，在书的序言后写下了"读书之法，在循序渐进，熟读而精思。"这句话。回想起在朱熹那个繁盛的宋代，状元、进士、秀才之多令人惊叹。书必定是当时科举考试中不可少的一样东西。"读书的方法是在于循序渐进，一步一步地来，由浅入深，读熟之后要认真地去思考。"这是朱熹想要表达的真正含义。做批注为精读妙法之一。

偶然抬起头，那缕阳光还斜斜地挂在空中，一种莫名的惬意涌上心头。"孙权劝学"，这个耳熟能详的故事轻轻地倚在书上，温柔地诉说着吕蒙在孙权的提醒下，开始努力发奋读书，终成大器，让鲁肃为之赞叹的故事，更增添了我对阅读的喜爱。闭上双眼，脑海里浮现出鲁迅先生的名著《朝花夕拾》中的片段：阿长与《山海经》。其中，作者也介绍了自己对《山海经》、对阅读的喜爱。这，似乎又与阅读有关。

阅读，其利，长知识也；其益，心舒畅也。坐落在西湖湖畔的咖啡厅里，从此就常常出现我的身影。我总是懒懒地斜靠在沙发上，品着红茶，贪婪地吸收着这诱人的茶香以及书香里的墨水气息，感受着阅读时的快乐、幸福、自豪之感……

传　承

黄子墨

　　菲斯麦迪娜，摩洛哥最老的古城，可追溯至十三至十四世纪。在不到三平方公里的城区内，上万条小巷迷宫般布列，错综复杂，划分出了各类皮革厂、手工作坊和居民区。

　　麦迪娜中心有一个小广场，是金属器具作坊的聚集地，锻炼塑形的敲打声环绕在广场的上空，听来不免烦躁。不过久坐于广场边的咖啡厅，任由这无规律的此起彼伏的声音打磨着耳朵，这蔓延了好几个世纪的声音就这样顺畅地传入耳边，到了要离开的时候，反而有些不舍。

　　广场周围一家半开放的门店，不足几平方米，在岁月与炭火的共同作用下，四周的墙面已呈现出焦褐色，但墙体似乎还很结实，想必是在乱世中无数个日夜里，始终忘不掉它要守护着传承者的使命，顽强地帮助他们将这门手艺延续下去。作坊陈设简陋，除去一些摆放或悬挂着的铜制品，便只剩一低矮的木凳，一团火苗，几件类似木槌和打磨器的工具。当然，还有一位匠人。我往里探头时，他正低着头，猫下身子去，用手调整着火苗；他赤着的脚与炭灰相互摩挲着，发出细微而温柔的声响，但很快又消失于各处的锤打声中。他突然转过身子，目光与站于近处的我在刹那间交会，但他不动声色，继续在地上寻找着什么。他似乎总是一副漠不关心的样子，依旧专注地做着手头的一份事。

回到小广场的中央，见另一位匠人坐在阶梯上，用火燃烧着放有药剂的铜锅铜盖，慢慢烘烤使其内部表层脱落，制成锡面（也许刚刚那位匠人正是在准备这事）。我拿出相机想记录此事。但没录多久，那老先生便发现了。他时不时转过来，露出一脸不自在的神情。我见他还没变为愤怒，赶紧收起了相机，转而拿出画本，并对老先生微笑示意。他顿时情绪全消，反而神态自若起来，透出一种近乎期待的心情。老先生做了几件，我也画完了。

给他看后，他冲我咧开了嘴，眼角的皱纹和眉心都攒在了一起，伴着周围的锤打声，他的笑显得特别质朴。

每日反复的工作，无人问津的手艺是匠人们所一直坚持的，他们盼望着手艺的延续，盼望着这片净土不被污染，是不是有"正传承着手艺"的责任感，或是"终生热爱"的深情已不再重要，唯有感谢，感谢他们带来的如此令人动容的场景。

132

家乡的秋

雪　娴

我的家乡在尤溪，那里的秋天最美。

一到秋天，金黄色的稻浪随风摇摆，给大地披上一件金衣。北方飞来了一群大雁，捎来了秋天的丝丝凉意，捎来了金黄的稻谷，捎来了满园的果香，捎来了菜园的丰收，捎来了孩子们的欢乐。

我喜欢秋风。她拂过树林，给树林换上了一件新衣，有红的、黄的、黄绿的，一片一片的，美丽极了；她拂过树林，带着树枝跳舞，随风摇摆，婀娜多姿；她拂过树林，和树林一起唱歌，"沙沙沙、沙沙沙"，天籁之音不绝于耳；她拂过树林，让树林送了许多信，告诉小动物们要抓紧时间，储存冬粮。我也喜欢树林边的那条小河，更喜欢光着脚丫站在石滩上，任由河水流过我的脚，感觉像有人在挠痒痒，凉爽极了。我爬上天台，看着下面的田园风光，民居就像四合院围成一个正方形，中间则是田地和菜地。

农民在田里忙着收割稻谷，孩子们帮忙把稻秆收成两堆。烧掉一堆稻秆，把稻秆灰撒在田里，让来年稻子长得更好。另一部分稻秆收集起来就是种植白蘑菇的绝佳"土壤"了。未收割过的稻田是金灿灿的一片，已收割过的稻田虽只剩下光秃秃的土地，但一旁由稻秆堆成的小山，可不比金字塔差多少。

房前屋后零星站立着几棵柿子树，几近光秃的枝丫挂着不少红红的小灯笼——熟透的柿子，孩子们喜欢吃，便比赛谁摘得多。果园里，黄澄澄的梨、长着雀斑的山楂和笑得咧嘴的石榴，在孩子们的眼里都是美味。

围着篱笆散落在田间的菜园就像一块块色彩斑斓的美丽绸布。萝卜努力生长叶子，告诉人们快来拔它；青菜绿油油的，看上去新鲜极了；高粱红得似火，在园子里显得十分夺目；玉米站得十分笔直，在看守菜园；地瓜藤爬得遍地都是，宛如一张张网。

秋天也是动物们的狂欢季。人们丰收了，鸡鸭吃上了白米饭，兔子也在大口地吃着地瓜叶，猪也乐得直哼哼："有更多的泔水吃了！"看家护院的小狗也吃得毛光油亮，就连偶尔闯进家里的松鼠也寻得半个瓜！

秋天是个美丽的季节，也是欢乐的季节，更是丰收的季节。这些

133

生命之思

所 见

林佳怡

134

初夏的时候，天才亮，但那些蚊虫早已开始了工作，在这些杂乱的声音中，太阳升到空中，散发出耀眼的光芒。

从远处传来几声牛叫，声音渐渐近了，前方的芳草地中有一根牛尾若隐若现，不久，一头黄牛出现了，它牛头处系着一根很粗的红绳，绳上挂着一个已经生锈了的铃铛，健壮的背上骑着一个小牧童，他看起来差不多六七岁的样子，额前有少许刘海，长长的辫子垂在背后，身上披了件白色马甲，两个腮帮子红红的，眼睛睁得很大，手上拿着一支短笛，时不时便用那笛子划过身前的草木，顽皮跳脱。

牧童看了看四周，他的前方有一座茂密的森林，后面是高高的山峰，身旁有一条浅浅的溪流，嫩草在溪水旁探出头来，与鲜艳的花儿相应和，一切都是那么的美好。令他情不自禁地高歌一曲，那歌声穿过森林，翻过高山，跃进小溪。鸟儿与他相鸣，老鹰给他伴奏，鱼儿与他共舞。曲毕，牧童执鞭将黄牛赶入森林。

牧童再拿起短笛，放到嘴边，轻轻吹响，树上的鸟儿也随着笛声鸣唱。过了一会儿，笛声突然停了下来，鸟儿也随着笛声停下，四周都安静下来，只有"嘶，嘶"的蝉鸣声。牧童轻轻跳下牛背，在一棵树前停下，他的嘴角微微上翘，像是发现了什么珍宝一般，他踮起脚尖，慢慢地朝着树的方向靠拢，眼神锁定住树上最大的那只蝉，身体向前，轻轻往前一跃。到手了，那只蝉在牧童手中鸣叫着，牧童扬起一抹胜利的微笑，跳上牛背，吹着轻快的笛声往家里赶去。

林中传出一位诗人的声音："牧童骑黄牛，歌声震林樾。意欲捕鸣蝉，忽然闭口立。"

美，在大自然里

廖晟祺

松木制成的阁楼里，稀稀疏疏地坐着一群谈论家常的人；阁楼下，是池塘和嬉笑的小孩们。听着农场的水声哗啦哗啦，看着水里的鱼儿跳跃嬉戏，我的心里无比畅快。水，流淌着；我出神地望向水面，想象着这水中有无数个水分子、水细胞，它们从四面八方赶来融为一体。自己好像就是这成千上万个水滴中的一小点儿，和同伴们一同汇集成一个大池塘。水里的鱼儿自然而然地成了这里一道亮丽的风景线，人们赏着这水、鱼，享受着这难得的闲暇时光。

这就是自然闲适的美。

红　枫

和朋友坐在红枫树下，背靠着背聊着天。太阳光透过树叶子的缝隙，一点一点地洒在我们身上，光影带着温暖。红枫的树叶子红得发亮，细长的它们并不柔弱，直挺挺地立在枝头，为大自然增添了一番情趣。轻风徐徐，我们听着风儿拂过树叶发出沙沙的声音，谈着各自的学校生活，仿佛达到了一种旁人无法打扰的、"悠然见南山"的、至高无上的境界。闲谈之间，无意中发现了掉落在地上的一片红枫叶。轻轻拾起，拭去长年累积的尘土，那耀眼的红色并没有刺痛我的眼睛。翻开书的第一页，拿出笔，在树叶上写下一首小诗，再放回书中，仔细端详。

哦，这是自然优雅的美。

杨　梅

此时，恰逢杨梅熟透的季节，我们一行人到山上去采摘。一路上杂草丛生，野花遍地。好不容易到了山顶，棵棵杨梅树上都是果实累累。丰收的大自然真的很美，我们在山顶向下望去，成片成片的杨梅树矗立在山野里，我们笑着、闹着，山谷里传来阵阵回音。此时，大伙儿嬉笑着，放松着劳累了许久的身心。我摘下一颗杨梅，用一旁的山泉水洗了洗，放进嘴里。

啊，这是自然活泼的美！

大千世界，变化多端，我们何曾静下心真正感受到这池塘的水、红枫的叶、杨梅的甜、自然的美呢？站在山顶上，眺望山脚下的人儿，他们很渺小，就像山脚下的人看不见山顶上的一样。蜿蜒曲折的山路边，小小的花儿令人心醉，我不曾在意过、不曾思考过，这花儿短暂的一生所带给这个大自然、这个世界的美。

美，在大自然里，等着你们去发现。

原来春天就在我身边

詹 琪

生活中总有许多你没有注意到的细节，它们总能在不经意中改变你，启发你，让你意识到：原来它们就在我身边。

三月初，森林公园的桃花开了，表妹强拉着我去看花。快到时，一股清香钻进了我的鼻子，而我却不由地心生厌恶。去年，最疼爱我的太奶奶便是在清冷的春天中去了尚不为人知之地。从此，我再也不喜爱春天，我觉得它很冷酷，它很灰暗，我希望春天离我远去。

勉强陪着表妹走近桃林，一抬头，我被惊呆。平缓的山坡上，是成片成片的桃林，红的、粉的、白的，织出了一片五颜六色的花的地毯。细看眼前的朵朵桃花，在温暖的阳光下，或是含苞待放，或是盛开怒放，每一朵花都在尽情绽放自我，一片欣欣向荣、生机勃勃的景象。此时，我似乎觉得春天并不冷酷，春天更是一种新的生命开始，是多彩的，我似乎可以走近春天。

回到小区，在院子外遇见那棵历经一冬劫难的广玉兰。去年冬天，因为干旱，本来常绿的它一片叶子都没留下，一群小孩儿以为它死了，还每天都折磨它。怀着刚刚对春天萌生的一丝好感，我和表妹又去看看它是否在春天里有转机。当我们蹲下时，在离地面不远的树干上，我们发现了刚刚拱出的一点儿绿芽。它刚冲破树皮，圆圆的一个绿点儿，非常壮实。我们绕着树干细细观察，发现了不少的小绿点儿。春天，会不会像冬天一样扼杀这一点点的绿芽呢？半个月过去了，广玉兰重生了！原来我并不讨厌春天，只是不敢面对罢了。广玉兰，让我恍然大悟，原来春天就在我身边，原来它并不曾离我远去。

我想通了，春天离我并不遥远，春天是万物苏醒的季节，春天唤醒的万物其实就在我身边，在春天离开的太奶奶其实一直都在我心里。哦，原来春天就在我身边，在我心中，在我的生命里。

选择等待

　　当枝丫刚结出花苞时，你或许会欣喜、期待，渴望它尽早绽放，可花朵需要时间的润色才能尽情展现美好，展现那娇媚的身姿。拔苗助长，只会适得其反。所以我会选择静待花开。哪怕是等待时的期待，也是美好的。

选 择 等 待

林其祺

> 等待，是什么？是一种美好的希望，还是一种热切的期
> 盼？或者说是一种明智的选择？因为，等待终究会有结果。
>
> ——题记

　　花开是需要等待的。当枝丫刚结出花苞时，你或许会欣喜、期待，渴望它尽早绽放，可花朵需要时间的润色才能尽情展现美好，展现那娇媚的身姿。拔苗助长，只会适得其反。所以我会选择静待花开。哪怕是等待时的期待，也是美好的。

　　学习是需要等待的。当你渴望获得知识时，你或许会焦急，希望能在最短的时间里获取尽可能多的知识，可学习需要一个过程，时间的沉淀，厚积薄发，才能得到好的回报。否则，根基不稳，知识的大楼很可能会成为一片废墟。所以我会选择等待知识量变到质变的过程。哪怕是等待时的努力，也是值得的。

　　成功是需要等待的。当你获得一些成绩时，或许会心生傲骄，认为这便是成功，可成功并不可能一蹴而就，它需要一个契机。需要你耐心等待机遇的到来，抓住它，攀上人生的顶峰。否则，心浮气躁，一切将不过是过眼云烟，不需时间淡忘，转眼便飘散于空气中。所以

我选择等待机遇的到来。哪怕是等待时的期盼，也是难忘的。

从一些细微之外，从选择中，我学会等待，就像猎豹一样等待，不会如以前的我心浮气躁、浪费时间、期望一蹴而就。

等待，等待微风拂过素帘，阳光照亮黑暗，等待鱼爱上鸟，鼠爱上猫，等待一份奇迹。也享受这份等待，享受等待中的希望、欣喜和渴盼。

棋为人生

林　掷

古今中外，有各种各样的棋。其中，五子棋之变幻无常，胜败皆在一念之间最是让我着迷。

诚然，学五子棋的过程也并不是一帆风顺。看似简单的一门棋类，却学来不易，基础知识，关于局势的判断，对于对手的揣测，心理素质的考验以及例如一子双杀的实战技巧都充满了难度。不过只要静下心来学，保持一颗渴求知识的心，没有掌握不了的技术。亦如毛泽东曾说过的一句话："世上无难事，只怕有心人。"

若已学有所成，那么下一步就是与各路"豪强"博弈。你决不能轻视你的对手，需将你全部的实力拿出，去尊重对手。棋局之中要仔细思考，每一步都变幻莫测，你不能拘泥于自己掌握的技术，而要根据形势而改变，创造出属于自己的下法。即使你很轻松地取胜，也并不能骄傲，要仔细分析双方的成败得失，想明白自己能够胜出的决定性一子，考虑好对方的败招又出自哪一步。只有这样以"以棋会友"的观念谦虚前行，才能不断巩固完善自身棋艺，进而取得理想的成果。

当然，你也可能会遇见实力远超自己的对手，也许会很快败下阵来。但我们不能灰心丧气，而是要主动、积极地去分析自己的失误，找出自己的不足，不断提醒自己，不让自己在同一个地方跌倒两次；要查缺补漏，有针对性地去改正，才有机会继续进步，甚至是击败强大的对手。养成这样良好的习惯，在下棋与人生这条遥远的道路上才能越走越远，越走越顺。

除此之外，下棋还必须有冷静的头脑。要能控制得住自己的情绪，深入思考，做出正确的选择，才能够不落入对手的圈套，下出自己的风采。保持镇定自若，才能坦然地面对人生与棋盘上的胜负高低。

若说棋如人生，倒也合适，三五分钟一局的五子棋可以让你体会人生中的大起大落。实力、自信、心态缺一不可。胜不骄败不馁，冷静专注，才是取胜之道。

142

五根手指的故事

高田晨生

在一个夜深人静的夜晚。所有人都睡觉了。这时从一栋楼里传来了一阵谈话声。

一个粗壮的声音说："今天主人弹吉他的时候让我一直扶着琴身，真把我给累坏了。"

这是谁的声音？仔细一听，哟！原来是大拇指在说话呢！让我静静地听一听。

"老大，你就别说了。主人今天做手工的时候还把我的腰给切到了，现在还疼着呢！"这个声音是来自手指中最灵活的食指的。

"嘿！让我碰一碰。"大拇指笑着说。

"痛！"紧接着传来了食指的惨叫，"老大，等我好了您爱怎么碰都行，就是别现在啊！"

"吵死啦！"一个富有威严的声音说到。这声音来自高个子的中指，"不要因为受了点儿伤就大吵大闹的！"

"切！你自己在主人玩接球被扭了脖子的时候不也哭天喊地的？那时我们都没有嫌你吵，现在你倒反过来教训我们了？"食指不服气地说。

"没错，孔子说得好：己所不欲，勿施于人。你讨厌别人吵，那么你也别吵。"大拇指附和道。

143

"请不要卖弄自己的学问好吗！"无名指打着哈欠对大拇指说，"你和食指每天都握着笔，当然能学到许多知识；而我、中指和小手指只能在旁边略为帮衬，看不到那些知识。你能在这儿说这些有哲理的话也是理所当然的。"

争吵越来越激烈，我听着实在感到厌烦了。于是，我对他们大喊道："不要吵了！"他们呆呆地看着我这位平常最爱睡觉的小手指，眼中充满了疑惑。

我接着说："我们都是手指，何必这样争吵呢？只要我们握成了拳头，就没有什么强弱之分了。弹钢琴时，我们用上各自的力量就可以弹奏出一首美妙的曲子。我们各有各的优点，团结起来就完美了！"

大拇指、食指、中指、无名指听了之后，连连点头称是。

夜更安静了。

温 暖 在 心

郑琸然

总有一种温暖，暖入人心，令人在刺骨的寒风中，不曾感到寒冷。

雨点儿迈着优雅的步伐降落到地面上，黑夜慢慢织上空中。路灯在这黑漆漆的巷子里像星星一样闪闪发亮。我刚打完球，气喘吁吁地跑到学校附近一个避雨的地方，内心充满恐惧。

"你怎么还在这？是不是没有带伞啊？"一个熟悉的声音传进我的耳中。我抬起头，目瞪口呆地问："你怎么在这里！"我又低下头说："我忘记拿伞了。""没事没事，我在班上还有一把伞，你等着。"他皱了皱眉头，又笑着对我讲。

说完，他又对我笑了笑。然后，将他自己的伞递给我，转头奋不顾身地在雨中狂奔。他踩到了水洼，水洼里的水溅得他裤脚全湿了，我的眼角出现了一颗豆大的泪珠，我慢慢抹去，生怕他转过头来看见。冷风吹进身子，而我的心却被暖意所包围。

我的内心有些许复杂。早上我和他刚刚因为一些小事而吵架，而现在，他却不计前嫌，为我淋着这倾盆大雨去学校拿伞。一想到这，我的心就犹如被冬日的暖阳所温暖着，再不觉寒冷。

不一会儿，一个灿烂的笑容出现在我的眼前，那个笑容，暖入我心。我眼睛蒙上一层雾水，看着他湿淋淋的样子，衬衣早已被无情的雨打湿，他将伞递给我。"谢谢你！早上的事对不起。"我揉揉头讲。"没关系，我也有错，你早点儿回家。"他大度地说。我们互相告别。我看着他的背影，从我模糊的视线悄悄远去，那颗等待已久的泪水，从脸颊划过。冬日的狂风迎面而来，而那温暖在我心中，令我不惧严寒。

温暖，因为它深深地存在我的心中，刻画在我的心中，久久不能散去。

赶不上的那辆公交车

钟昕苋

不知道从什么时候起，等公交车成了一件很困难的事。

每当我走向路口，即将到达站点时，总有一辆公交车先我一步到达路口，然后云淡风轻地驶过。而每一次，我都在它身后不停追赶，它却好像执意要与我嬉闹，在我跑得气喘吁吁、差点儿追到它时绝尘而去，留下一串串灰黑的尾气。它继续开往下一个站点，继续让需要它的人不断追逐。

后来，我尝试早点儿出门，可在我到达路口时，又是一辆疾驶的公交车从我面前扬长而去。我又只好怀着满腔无奈与失意等待下一辆公交车。——也许下一辆公交车，就是我以前拼命追赶的那辆吧。

我终于明白了什么。

或许是听从了时间述说的箴言，从这以后，我不再追赶那些赶不上的公交车，我从容地走到车站，等待下一辆不需要追赶的公交车。我也渐渐懂得，就像人生总有一辆赶不上的公交车，我们不断奔跑追逐却仍然以一种遗憾的形式错过。

也许每当那时，我们需要做的，只是整理步伐，耐心等待，带着微笑来迎接下一辆缓缓停靠的班车。

——就像要用尽温暖和勇敢，来迎接生命中不太灿烂的阳光。

忆 郊 游

若 鱼

146

在童年的记忆中，郊游，无疑是我们这群熊孩子度过的最美好的时光了。每学期第三单元一过，我们每个人的心中便又装下了些许期待。到了正式时间确定，一颗忐忑不安的心方才放下，心中的激动就沸腾起来。

备零食、祈晴天，备零食、祈晴天……这样枯燥的程序被我们不厌其烦地重复了千百遍之后，终于到了关键时刻——郊游当天。

老天爷很爱跟我们这群可怜兮兮的孩子开玩笑，一会儿晴、一会儿雨的，搅得我们心慌意乱。有时，刚才还是晴空万里，眨眼间就乌云密布，阴雨绵绵；也有时候，老天格外开恩，用狂风制成的魔杖一挥，阴沉沉的云就灰溜溜地溃逃了。

最令我记忆犹新的郊游，正是四年级上学期那次。秋游当天，在上学路上，天阴沉沉的，看不见一束光，又似偶有雨点儿飞落。我心中一紧，暗想道：完了，今天的郊游算是泡汤了。

我垂头丧气地走进教室，等广播通知郊游取消。没料一阵铺天盖地的风帮了我们大忙，扫尽了满天的乌云。满怀感激的我们迫不及待地爬上大巴，前往超大农场。一路上，小伙伴们兴奋无比，有的把脑袋埋在靠背上，与邻座窃窃私语；有的探头探脑地同过往的车辆打招呼；有的凭窗远眺，独自哼歌；还有的正鬼鬼祟祟地偷吃，一边又支起耳朵探查老师的动静。

到了，到了……每一双眼睛都分外明亮，就似天边的启明星。车缓缓地停下，我们一窝蜂地冲出，踏上了这片崭新的土地——超大农场。

在解说员的带领下，我们穿过芳香四溢的百花园，绕过碧波荡漾的水鸭湖，跋过险峻陡峭的金鱼山，走过牛肥羊壮的牛羊圈，来到了地瓜田——这片寄托着希望的土地。只听得解说员一声令下，我们便同爆裂的豆荚般四散开来。同学们有的前俯后仰，用"前掌"迅猛地刨出地瓜，像极了一只只滑稽的穿山甲；有的用手在地上来回扫动，扬起层层灰尘；有的戴着手套，在田地间来回跳动，寻找最佳目标；还有的用脚刨开土壤，弯腰仔细找寻。大家拼尽全力，四处翻动着，不时飘来挖到地瓜时的欢呼声。我也不甘示弱，铆足劲儿，在土块飞溅中，欣喜地触到了一个硬物。嗨，果然是地瓜！放在手心，还散发着泥土的气息呢！

挖完地瓜，秋游的巅峰时刻——野餐正式开始。我们精神抖擞地大步跨向一片空地。大家倾尽家底，大摆宴席八九桌，狼吞虎咽起来。但见有的同学低头忙活着撕开包装袋，掏出零食往嘴里塞；有的扬起头来，作壮士痛饮状，把大杯大杯的可乐往喉咙里灌直到打嗝；还有的把嘴里的薯片嚼得咔嚓响，一边朝对面的同学扮鬼脸。而最令人忍俊不禁的是一对"自幼看不顺眼"兄弟——林冲后辈林晓阳同白掌鸡陈志轩。却说那陈志轩带了个炸鸡汉堡来就餐，林晓阳见了垂涎三尺，乘其不备，伸过手去揪住鸡肉不放。陈志轩大惊之下怎来得及

147

选择等待

反击，眼睁睁看着鸡肉被林晓阳吃下。唬得那白掌鸡急急如丧家之犬，忙忙似漏网之鱼，急忙将残羹剩渣吞将下去。我见了，笑得岔了好几次气才停下来，可一想到陈志轩那可怜样，不由得又捧腹大笑。且说张永一那时正津津有味地吃食，骤然狂笑，一时间残食飞溅，苦了前面一桌的美食。野餐吃不下去了，全桌皆在爆笑。唯有那林晓阳扬扬得意，陈志轩悲悲戚戚。

如今，我依然能清晰地记得当年郊游时的快乐与离开时的不舍。是的，时光匆匆而过，许多美好的往事却永驻心头。

人生没有再少年

林靖雯

幼儿时，妈妈给我读诗："劝君莫惜金缕衣，劝君惜取少年时。花开堪折直须折，莫待无花空折枝。"我在床上静静地聆听"夜来风雨声，花落知多少"，慢慢明白，原来"岁月不饶人"的真谛，就是仅在这弹指一挥间，让你顿悟"时间不重临"。

哦，原来有一种你看不到的东西，在无形中在你身边挪移，你却只能迷茫地寻找，当你寻到了你失去的那一切，你是否真的感觉到，你找到的，是那些旧日历。它其实早就深深烙印在了你的心中，但是你却从来没有察觉，所以，就多了一个词，叫作"怀念"。

时间最不偏私，给任何人都是每天二十四小时；时间也是偏私，给任何人都不是每天二十四小时。他们都说，这个世界有最公平的一面，让你叹服。然而又有最不公平的一面，让你惋叹。其实啊，时间从没有离去，就像沙漏中细小的沙砾。白驹过隙，逃也似的日子，来也匆匆，去也匆匆，它像在点缀一部必将闭幕的电影，剧情再精致，结局都只有一个。

人们总是在岁月面前，感叹时间易逝，这边又蹉跎岁月，纵然世界万物都有生命，而时间恰恰限制着它们的生命。那人又何尝不是呢？茫茫宇宙间，仅是一瞬间，我们可以看到"山花红紫树高低"的美景，却往往有人漠视着人生的意义。"我赤裸裸来到这世界，转眼间也将赤裸裸的回去罢？但不能平的，为什么偏要白白走这一遭啊？"正是因为时间的匆匆，它有可能成就一个人，也可能毁掉一个人，这些，要看你是如何对待这些逃去如飞的日子，你是否真正地感受到，昨天的美好，仅仅属于过去，今天的奋斗，才能使明天完美。

那天晚上，我躺在床上摆弄我的沙漏，那是一个很精致的沙漏，里面静静流淌着白色的沙，我把它放到耳边，可以听到丝丝细微的声音，那是时间流逝的声音吗？它是那么的不易觉察，仅是一瞬间，我感觉到，生命的本身之平凡，时间的本身之公正。人生就是一场旅途，时间仅是告诉你什么时候到站，可是，我们却往往心烦意乱地埋怨，它如何残酷。耳边已悄然无声，我却仍然把它放在耳边细细听着，那是生命的轮回，时光的变迁，在这样微小的细缝间，轻轻悄悄地离开，没有留下任何痕迹。

它就似针尖上的一滴水滴在大海里，我们的日子静默在时间的流里，没有声音，也没有影子。我头涔涔而泪潸潸，它却再不回头。它的代名词叫"一去不复返"，但是请相信，这一切的意义取决于你，而不是时间。

窗外的雨停了，又是一年春天，我默默吟诵着"春眠不觉晓，处处闻啼鸟"，终于释怀，终于明白，人生路漫漫，最好是现在。

149

选择等待

与你为邻

余 越

　　炎热的下午，烈日无情炙烤着地面，尽管已接近傍晚，热浪也还是不愿退去。

　　所住楼道的楼梯在维修，所以我得从隔壁楼道绕过去。于是，我不得不再次路过这片荒凉的露台。可是今天走在这露台上，我却奇怪地发现楼板变得坚实了许多。咦，前面有个陌生阿姨的身影。她身旁有一堆和好的泥浆，不远处还堆放着水泥和沙子，原来她在修补露台上松动的板块。她身上的衣服已经沾有污渍，背上已经湿透。

　　我很是奇怪。回到家我才知道原来她是704刚搬来的新邻居。

　　她是一位刚退休的老教师，妈妈说我应该称她"姨婆"（其实她看上去并不老）。从这以后经常可以看见姨婆在露台上忙碌的身影。有一天，妈妈在露台上和姨婆攀谈起来。

　　她说，她要把露台整顿后弄个花园。我们表示怀疑，因为这工程太大了，这是九楼的露台，没有电梯，光是要把种花需要的泥土从1楼搬上来就有点儿不可思议。但是她却信心十足："愚公不都把山移走了，那点儿泥土算什么？哈哈哈……"

　　福州的春天是个多雨的季节，偶尔太阳公公露个脸大家就赶把衣物被褥什么的搬出来晒。这天太阳公公真赏脸，我按妈妈的吩咐把自

己的被褥拿到露台上晒。眼前这个曾经破败的露台让我感到吃惊，我怀疑自己走错了地方。

一根根木桩连接一排排铁丝网围成了一个大大的栅栏，里面摆放着一排排装满泥土的花盆，其实也就是些泡沫箱和废弃的脸盆之类的。由于主人的精心摆放让人忽略了花盆的长相。花盆里大多数还是刚长出不久的嫩苗，有些长得高，有些才刚探出头来，还有些还埋在泥土里尽情地吸吮着泥土的芬芳舍不得出来。

我的心情顿时舒畅起来。

远处那盆开得正艳的水仙花特引人注目，它用傲然的身姿，面容满含笑意地望着一切，好像在倾吐着它的心声："大家来看啊，我是这花园里盛开的第一朵花。"

与你为邻，是你给我们创造了一个如此美好的环境，是你把曾经破败的露台变得如此花香馥郁。我感到生活原来可以这样的美好。

古人云：百万买宅，千万买邻。可见，有个好邻居多么重要。我们很幸运遇到了704的姨婆，是她亲手为我们创造了一个如此美丽、富有生机的露台，让我们学会创造与享受生活。

驿　站

刘子航

春节，我与父亲离开了灯红酒绿的城市，来到清幽的山上游玩欣赏一番。父亲读过许多书，见多识广。正走着，他突然停了下来，指着前方，郑重地说："看，水车！"

只见，那波光粼粼的小溪上竖立着一台木制的水车，随着月光般的水波幽幽地转着。它连接着一座歪斜的红砖房，好像随时要倒塌。说是红砖房，它的表面早已长满了一层厚厚的青苔。在柔和的日光下，绿油油地闪着光。多么安详自在的红砖房啊。

父亲轻轻叹一口气，说："这种古老的水车房都几乎消失了，不知是哪位贤者为时代保留下最后的一丝痕迹。"

阳光透过浓密的叶子洒在小路上，星星点点的，像星星般为我们照着路。小路两边茂密的草木遮住了小路，行进十分困难。

"看，那是门！"

一扇与墙融为一体的木门出现在了树丛中。父亲轻轻敲敲门，没任何反应，再仔细看看门，发现门上的木栓是从外面扣上的，连锁都没上。我轻轻推开了门。院子里的整洁让我有些适应不过来。院子内没有一根杂草，好像有人常来照料。但火塘里没有一点儿火星，只有干冷的木灰，显然已很久无人居住。

我怯生生地走进内屋，一幅刚劲有力的大字出现在我的面前——"驿站"，下面注有小字"有缘来此，随意休憩"。父亲没有着急进入后屋，盯着字看了良久，说："这字的功夫了得。"正欣赏着，门被悄悄推开了，发出"吱吱"的声音。回头望去，是一位和蔼的老者。

父亲上前去握住老人的手，连声称赞墙上的字，称赞这个屋子。老人笑着说："那字可不是我写的，这房子啊，也不是我的。我和你们一样，偶然遇到这个屋子，在这里休息。后来就常过来看看，收拾清楚，给过路人临时停停脚。"父亲惊讶了，我也惊讶了，这个"驿站"竟有这样意料之外又顺理成章的过往。

一番休息后，我与父亲离开了"驿站"。临别时，老人笑呵呵地说："有空再来。"我想，我和父亲一定会再来的，不止来休息，也要像这位老人一样，为其他过路人，准备一个充满温情的"驿站"。

遗 憾 之 痛

林可璇

遗憾从来不是没有结局，而是结局伤害了纯真的心。

那时，我有一个很好的朋友，在我心情低落的时候，她会坐在我身旁静静陪伴我；在我生气的时候，会耐心安慰我。至少，在那次的考试之前，我们依然是形影不离的好友……

那天她突然对我说："比比看看这次的英语考试谁考得好？""没问题！"我毫不犹豫地答应下来。

临近考试前看着她胸有成竹的样子，心里不禁打起了鼓。拿到考卷的那一瞬间，仿佛我的手是冰凉的。等待的时间其实只有一个上午，而那天的上午对我来说犹如一个世纪那么长。终于，试卷发下来了……

我坐在位子上，鼓起勇气睁开眼看了我的分数。情不自禁地叫出了声。因为激动而让自己的脸变得通红。这时，我想起了我和她的约定。我迫不及待地想要和她分享我的好成绩。但是，她的脸好像是阴沉的。

她，没有考到理想的成绩。

我激动得昏了脑，不停追问她的成绩。她的眼眶似乎红了。而我却没有注意到，还在不停地追问。下一秒，在我还没有反应过来时，她已经冲出了教室。我还没有意识到，正是因为这样，我在那一刻已经失去了一份真挚的友谊。在冲出教室的那一瞬间，她对我吼道："让我出丑，就那么开心吗？"

我的心抽搐了一下，连忙追去操场，看见她低着头和另一个同学坐在长椅上。我看不见她的脸，可她那抖动的肩膀却让我没有勇气去和她道歉。我跑回教室，沮丧地坐在位子上，一言不发，再也没有卷子发下来时的欣喜之感……

好几次，我都想鼓起勇气对她说一声"对不起"。但走到她位子旁坐下时却又没有了勇气，尴尬地站起来，又回到位子上。在她眼中，好像有一丝落寞闪过，而我却失去了往常的朝气。

我始终欠她一句对不起，而这一句对不起一直压在我的心上……

至今，我们仍形同陌路，那句"对不起"欠得太久，已经失去意义。我获得了好成绩，却失去了一个好朋友，那种遗憾，或许会伴我终生。

154

海滩·牵手·回忆

陈 涵

牵着表妹的手，伫立在海滩上，我放眼望去，一望无际的海面，此起彼伏的浪潮，仿佛觉得自己就是那一朵朵跳跃的浪花。

我们脱了鞋袜，漫步在沙滩上。"表姐，我们去堆城堡吧！"清脆的语声，将我的视线转移到表妹那张澄澈无邪的脸上。话犹未已，表妹已拽着我向前跑，没有了鞋袜的束缚，顿感轻松许多。我们在柔软的沙滩上随心所欲地奔跑起来，撒下铜铃般的笑声……

　　跑着跑着，我难以忘怀的回忆被勾起：落日的余晖给海滩洒上无数的金子，一个留着长发的女孩儿，一个伟岸慈祥的大人，手拉手无所顾忌地奔跑着，爽朗的笑声拍击礁石的涛声……时光荏苒，那个高大的身影已很少陪伴这个小女孩儿，取而代之的是逐渐长大的小女孩儿牵着另一个更小的女孩儿。带着凋零的记忆，任由海风轻轻地抚摸，一丝莫名的惆怅袭上我的心头……

　　"表姐，我们在这里搭好吗？"表妹的话打断了我飘飞的思绪。"好啊！"我努力掩饰自己，不再沉浸在对往昔的留恋中。"表姐，我去装桶水，你在这里等着。"话音刚落，表妹已冲出几步远，我痴痴地望着，望着那似曾相识的背影，感到怅然若失……

　　当表妹提着水，摇摇晃晃地来到我面前时，我已经搭好了一座小小的塔状房子。"哇！"表妹白嫩嫩的脸上一下子写满了惊讶，变成浓浓的羡慕跳跃在她红扑扑的脸颊。"能教我吗？"表妹仰起头望着我，小心翼翼地问道。当我的眼眸触及表妹那真诚而又有些胆怯的目光时，我心里那根弦恍若被重重地敲击了一下——这不是当年幼稚的小女孩儿对那个大人所投出的信任的目光吗？"你怎么会搭这么快，能教我吗？"表妹再一次央求道。我莞尔一笑，搭了这么多年怎么会不快呢？"谁教你的呀，能教我吗？"谁教我的？我……我低下了头，眼里噙满了泪水，盈盈泪光幻化出当年的画面："当然可以！"那个大人干脆的话语令小女孩儿心中绽放出幸福的花儿，他弯下腰手把手地教着小女孩儿……他根本不会想到，他的举手之劳，却成了小女孩儿的永恒记忆！我为什么就不能给表妹留下同样美好的回忆呢？我又怎能淡漠地拒绝表妹一个小小的请求呢？

　　我抓起表妹的手，耐心地教着，手把手地示范着。表妹似乎有些吃惊，因为我一向对她不冷不热。很快，在我的指导下，一座城堡搭好了，它满载着表妹小小的幸福小小的骄傲。我主动牵起表妹的手在沙堡前奔跑着，一道温馨而又和谐的风景线又开始延伸……

当年，那个奔跑于沙滩间的小女孩儿便是我，而拥有那双大手的便是我爸爸。那时我总是光着脚丫尽情地奔跑，任沙子留下那一个个嵌着美好回忆的脚印。此刻，我再一次重温沙滩、海风之美时，角色却变了——大女孩儿牵着一个小女孩儿，一个让我释怀的小女孩儿。我在心中默念着：让我也给小女孩儿留下一些美好的回忆吧，像爸爸当年给我留下的那样……

放开心胸，会发现，快乐是可以承续的。

最美的风景

泖 水

在楼之上，我找到了只属于我的风景。

——题记

摩挲着，摩挲着这本书。轻轻地，晚风将它吹开，吹开。一首熟悉的诗赫然出现在了我的面前……

站在楼底，往上望去，这座楼直插入云霄，朱红的大门也为这座建筑增添了几分的无法言说的威严。站在底下，只有那拥挤的人潮。迈着坚实的步伐，踏着古老的阶梯，我铆足了劲儿，向上爬去。不久便站在了第二层的楼板上。不经意间向下瞟了一眼，却发现了与前面截然不同的画面，阳光照耀着地面，两排树木无非是华丽的点缀，悠悠白云依旧在天空中飘荡着，一切都十分祥和。

再向上爬了一程，便想放弃了。因为腰腿的酸痛，因为对这种风景感到无趣。但心里总想：既来之，则安之。于是乎便咬着牙，又踏上了那些通往一种新境界的，让我觉得似乎不可逾越的阶梯。再上一层，依旧是那些景物，可又变成一种说不出的壮观。树木依旧，却好似为这座充满威严的建筑恭敬地低下了高贵的身躯，白云靠近了我，在楼周围转着，是如此和蔼可亲，仿佛在说着什么，游人惊叹着这座有着历史的文化结晶……

望着那高耸入云的顶楼，我的身体却无比沉重，一个声音在说：你不能再爬了！我的内心是挣扎的……是否应该克服身体上的疲劳，再往上爬，还是半途而废，面对困难知难而退，掉头返回呢？我踌躇不前。这时，爸爸过来了，意味深长地对我说："欲穷千里目，更上一层楼。"是啊，要看到更高远的景物，要体会更高深的境界，就是需要一种努力啊！于是我恍然大悟，拖着疲倦的身躯，内心激昂地，一步，一步，向上爬去，终于踏上了最后一层台阶，我累得坐在了地板上，但庆幸的是，我终于爬到了楼顶。

爬到楼顶，我终于相信了我的决定是正确的。楼顶上清风徐徐，拂过我的脸庞，两旁的树木已经变得细而小巧，道路变得狭小，白云悠悠，朝霞染红了天边，一只鸟儿划过了天际，只留下了一声悠扬的长鸣。一切似乎还是那样，但又似乎变得如此不同，就是站在高处看风景的不同吧。一种居高临下的气势油然而生，充溢在心中，久久不散，让我震撼……

学习也如爬楼般吧。总会遇到些难题，它们就如同这一层一层的台阶。有时，我会想着退缩，这时，那首诗就会给我鼓励，给我前进的动力，给我克服困难的勇气，让我将难题解决。而人生又何尝不是这样呢，我始终明白：努力，才能看到更美的风景，获得更好的成绩，塑造更完美的人生，绽放更耀眼的、属于我的生命光彩！

再次翻开书页，遇见它。它依旧静静地躺在那里，却似乎不像以前一般。"白日依山尽，黄河入海流。欲穷千里目，更上一层楼。"它让我看到了人生途中那抹——最美的风景。

桑木之美

李阳畅

当蚕宝宝沙沙地在桑叶上画出一个个的圆，当绿油油的叶片不一会儿就剩下脆弱的叶脉，我不禁要赞颂桑树这无言的美。

桑树，大家有的听说过，有的见过，可是谁认真观察过呢？人们只当他为绿化的一部分，孩子们只将它定为蚕的食物，青年少女们也只是路过摘下一片，把玩后丢弃而已吧。而谁了解它生命真正的美丽呢？我曾经亲手种下过一棵桑树。他虽然有着庞大的根须，可却受过伤，有过痛，被人硬生生地拽离过大地。哦，你一定能活下去的，你一定会再次枝繁叶茂。我曾许下这样的愿望。

桑树总是经过春萌芽秋落叶成长起来的。但我的这棵桑树的成长历程似乎更加艰难。它不仅要抵抗寒冷，还要拼命成长，不让人们把它和杂草混为一谈。地下的温泉管降低了它对四季的敏感度，它还要忍受调皮的孩子折断自己的枝条时的疼痛。它能受得了这些吗？

哦，他没让我失望。

寒冷的冬天悄悄地离开了我们。象征着生命的春，踏入了我和桑树的生活。春天到了呀，你要快快发芽呀！看着另一棵桑树抽芽，长

叶，连果儿都结了，可我的桑树只顶着快三米的高而光秃秃的树干，我心里十分着急。一个月过去了，它依然没有动静。枯死了吗？在我近乎绝望的时候，一片小小的，嫩绿嫩绿的叶芽，跃然映入我的眼帘，那富有生命力的芽儿点燃了我的希望，就像潘多拉魔盒中的希望之叶一般。哦，他没让我失望。桑树，是多么坚强。没有同伴鼓励它，没有亲人援助它，但它不屈不挠，挺过寒冷，默默地成长起来了。

当它枝繁叶茂的时候，我会踩在小板凳上，踮起脚去够它的叶，让白胖胖的蚕宝宝饱饱口福。这时，它便会微微地摇曳着，静静地站着，默默地奉献着。

一年又一年，除草的人总会绕过它。我便高兴地想：它是一棵树，一棵坚强的大树，而不是那混在杂草丛里的小苗了！

蚕宝宝挪动着胖胖的身子，爬上了我新放进盒子里的桑叶。我收起只剩下叶脉的梗，轻轻地说：哦，桑树，因为有了你，有了你无言的美丽，才有了这些可爱的生命啊！

159

留　香

黄若琳

嘘！别说话，细细地品味，停留在鼻间幽幽的梅香，从未改变。

腊月顶着冬寒，独独梅花在风雪中绽放。梅枝坚硬，褐色中点缀着一簇簇的红与黄，那是生命的颜色吧！梅花，在冬日肃杀的寒风中积蓄力量，在树干最坚实的依托中不断向上。

外婆十分喜欢蜡梅，屋后就是一片梅林。梅花刚刚盛开的时候，她就会从梅林里剪下一大束的梅花，将它们分别插在不同形状的陶罐里，摆在家中不同的地方。在隆冬的夜晚，她总是爱抱着我靠在沙发上，盯着泛着幽香的梅花出神，嘴里只对我轻吟着："宝剑锋从磨砺出，梅花香自苦寒来。"那时候的我，什么都不知道，只是觉得这应该是一首很美却又很难懂的诗。

后来，来到福州上学，远离外婆家的小山城，渐渐闻不到那样的梅香了，梅花的香味儿似乎也从生活中渐渐淡去，仅仅停留在幼年时的记忆中了。

再识，是在老师上课的时候。"宝剑锋从磨砺出，梅花香自苦寒来。"这时的我发现老师在读这首诗时，一改往日柔和的语调，变成了一股坚定、有力的感觉。"梅花独自在风雪中绽放，是多么的坚强！"老师的品析，让我对它好像又多了一点儿说不出的感觉。

春节，又一次回到老家。

刚下完一场雪，道路有些湿滑。一开车门，一股雪与泥土融和的清香就扑面而来，我不顾湿滑，径直跑向梅林。

果然，梅花的香味儿溢满空气，迅速向人袭来。映入眼帘的是成片成片在洁白的雪中绽放的梅花，花瓣上还沾着一点点雪珠，晶莹剔透。是那么的鲜艳、那么的动人！此刻的我才真正理解了，"宝剑锋从磨砺出，梅花香自苦寒来"，宝剑的锐利刀锋是不断磨砺之后才得到的，梅花的飘香是因为它经受过风欺雪压，却依旧傲然挺立于枝头，其境至深，其味悠长。

不管时光流逝、世事如何变迁，梅香幽浓，从未改变，也从未消散，依然陪在我身旁。

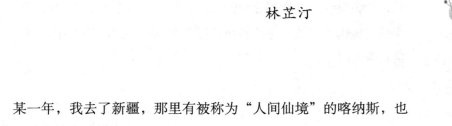

金色的胡杨

林芷汀

某一年，我去了新疆，那里有被称为"人间仙境"的喀纳斯，也有中国最大的戈壁滩。

风景虽美，却路途漫长。正值夏季，即便车内有空调，我仍感觉有许多火球附在我身上，烧得我口干舌燥，连汗都流不出来了。传说中的喀纳斯似是在天边永远到不了。正当我觉得自己快要被烤焦时，我妹叫道："看，那有棵胡杨！"我们仿佛获得了希望，一口气将车开到胡杨树下。我站在树下往上看，高大的树顶仿佛撑住了太阳，阳光落在树叶上，照得它格外明亮。此时我的头发如火燎一样滚烫，而胡杨树下的沙子却水沁过般凉爽。

我问住在胡杨树边的一位热情好客的维吾尔族老人，这里怎么有棵这样大的胡杨树？他告诉我，那是好早以前种下的，以前这棵树枝繁叶茂，但每一年，它都要舍弃一部分下方的枝叶，为什么？因为这里水分有限，他要把水分让给更小的树，让而自己也努力地向更高的蓝天伸展，因此越发显得挺拔而高峻。

在这里稍微歇脚后，我们又上了车，往沙漠的深处去了。一路上，看到不少胡杨，仿佛是在为我们打气。我们一行人的目的是那"沙漠绿洲"——喀纳斯。那里也有胡杨，配着喀纳斯天堂般的美景，我却并不觉得它有多出色。那些在沙漠中笔直地立着的胡杨，比它高大、有力多了，因为沙漠里的胡杨不停地为其他生物付出，才会越来越高大。

忽然想起，班长家也有一棵胡杨，种在楼前，却很小，但也比我高多了。站在树下往上看，几缕阳光如灵巧的小蛇，穿过叶子来到地上，其他的便在叶片上无奈地打转转，给那绿叶镀了层金。风吹过来，叶尖卷起，好像那金色的鱼钩。哦，这样想来，它也确实像我们绰号叫鱼钩的班长，尽管矮小，但总是尽自己最大能力帮助别人，为我们带来阴凉。

春天就在身边

姚承远

此时春天刚过，我们迎来了炎热的夏季。"啊！春，又要来年再见了。"我感叹道。此时的我正站在800米跑的起跑线上，如果是在刚刚回暖的春天，小跑几圈也不会介意，可现在是大夏天，这跑几圈就是对人极限的挑战，那句感叹也并无反常了。

"哗！"一声尖厉的哨声扎破了我的联想，身体便不自主地冲出去了。空气在我耳边飞掠，倒带来一丝凉意——这是目前我在跑步中唯一美好的感受。但很快，我慢了下来，体力的透支蔓延到身体各个角落，此时，离终点还有三圈多呢！我咬咬牙，硬是跑了两圈后，突然，我眼前一黑。我知道我到了极限，只好停下来歇一会儿再跑。

此时，跑在第一个的，我的朋友，已经超我一圈，跑过终点，停了下来。他等我到他那儿时，又重新起身陪跑！豆大的汗珠一颗一颗从他的额头滴落，一声声喘气越来越重，越来越急，他也要到极限了！这时全班男生都开始为我们加油，一个个声嘶力竭地喊："加油！加油！"整齐划一的节奏，雄浑嘹亮的声音，震撼到了我的心，顿如春回大地，万物复苏，给人以无限能量！我突然四肢发热，心跳加速，马上疯跑了起来，甩开了陪跑的兄弟，风从耳边呼呼地刮过，好像在鼓励我，树木尽量伸展枝干，好像在为我遮挡阳光。我尽情迈开步子，听着耳边不断的风声和加油声，阳光的暴晒已无影无踪。我似乎在初春的草地上尽情奔跑，风里带着甜味，还有各种花的香，都在微微润湿的空气里酝酿，心情无比舒适，啊！春天，我再次遇见了你！

最后一圈，在不知不觉中度过。稍事休整后，我起身，继续陪最后的同学跑完剩下的路程——我要把春天传递下去！

春天已过，但我的心却如春天一样，我绝不会忘了这一刻，我的同学们，就是春天！

163

我的舞蹈梦

郑煦之

小学一年级时，学校每周都安排舞蹈课。站在舞美室里，落地的大镜子、老师优美的形体和舞姿让我痴迷。我的心底有个声音在喊：

"去追寻吧，抓住这美丽的梦！"那一刻，梦想的种子悄然在心底播下！

幸运的是，老师挑选我进入了校舞蹈队。梦，开始了！在我对未来无限憧憬的时候，我被现实中略显"残酷"的训练惊了个望而却步。对一个刚接触舞蹈的初学者，基本功训练是必不可少的，手位练习、下腰、蹲起、勾绷脚练习……让我觉得枯燥乏味。身体柔韧性的练习让我痛苦不堪，把腿架上九十度的把杠，用胸口去吸腿，这样的伸拉让人撕心裂肺。都说是"把头架在刀子上"，我却确确实实一次次感受把腿架在钉板上，常常是咬牙切齿地忍到精神的最后一道防线，最后，默默地抱着不住颤抖的腿轻揉与抹泪。我也曾胆怯、也曾痛苦，但为了把握住纯真、美好的梦，我要向前追逐！梦想在心里生了根！

一晃两年过去了，舞蹈与我的缘分也算是越发缠绵了，我朝思，我暮想，她在我的梦里出现。我时常祈求：让时间快快溜过，周三的舞蹈课快些到吧！训练的苦痛又算什么，过后的甜蜜和过程的愉悦才是主角。舞蹈梦，从舞蹈房延伸至家里，欢愉我的生活。舞动于舞房，舞动于客厅，舞动我的梦想。梦，竟可以让人如此快乐。我的心为我追逐的梦敞开。梦想已经育出片片绿叶！

追梦，朝着梦想不断追逐……终于，我舞动得更加自如；终于，我们舞蹈队代表我们学校数次参加各种比赛；终于，我登上学校一百四十周年校庆的舞台。我舞动着，心中的喜悦不住流泻，伴随着旋转、跳跃传递。一切都飘然，酸与甜终于将我托向成功与光明！感受吧！舞动吧！在这自由辽阔的舞台，属于我的梦想！梦想的花，开了！

有梦想就要去追求，梦想就会在我们的心田绽放艳丽的花朵！

我还能坚持

叶宇和

军训给我最深刻的印象就是——练蹲姿。

还记得那是周三的下午，也许是靠海的缘故，我们这个地方天气十分反常，耀眼的太阳快把人晒伤，风却刮得异常猛烈，让脸几乎要开裂般疼痛。

"军姿分为三个部分，一是站姿，二是坐姿，三就是令人崩溃的蹲姿了。"话音有些含糊的教官大声给我们讲解着。"好的，站姿和坐姿太轻松了，而且我们每天早上都会练，所以……全体蹲下！屁股坐在后脚的脚后跟上，不许动！现在开始计时五分钟，动一个人增加三分钟！开始！"随着教官的一声令下，我们班全都蹲了下来。

同学们的蹲姿奇形怪状：有的人因为太胖太重，而不能将硕大的臀部放在后脚跟上，怕将后脚跟压疼，于是双腿发力，半蹲在空中，用双手撑着前面的凹凸不平的水泥板，把屁股撅到了天上，不一会儿抬起手就发现手上都是一个个的小红点儿；有的人听着教官所讲的所有要点，蹲姿十分标准，真的有一股小军人的味道；有的人……

这时我听到了一声刻意压小的"呻吟"声，我顺着声音看去，目光投在了小余身上。只见他双手抱着直立着的右腿膝盖，身体发抖，不时地重心不稳向前或向后倒去。可是每次不稳时，他都会腾出一只手支撑地面用力以稳住身体不倒。

终于有一次，他来不及腾出手撑地，就伴着一声惨叫倒在了地上。同学们都投来关切的目光，教官也放下手机走了过来，问他为什么不喊报告请假，他只是回了一句："我还能坚持！"

这件事情令我久久不能忘怀。当我面对困难无法继续坚持下去的时候，我会记起他那抱着膝盖在烈日下，在狂风中，瑟瑟发抖而继续坚持的身影，以及那句震撼人心的话："我还能坚持！"